약속의 땅을 향하여

이집트 · 이스라엘 · 요르단 **성지순례**

블레싱북스
블레싱북스는 블레싱자기경영연구소의 출판 브랜드이다.

약속의 땅을 향하여
이집트, 이스라엘, 요르단 성지순례

초판 1쇄 발행 _ 2023년 8월 31일

지은이　이영수 정종균 정인균 남대웅 이향우 손미숙 배정욱

펴낸이　정인균
펴낸곳　블레싱 자기경영 연구소
디자인　한우 기획
라인드로잉　정고은
등록　2021년 10월 7일 (제2021-000015호)
주소　전남 순천시 장명로 58. 3층　전화 061-725-5922
이메일　holycity21@nate.com
ISBN 979-11-982235-2-4 (13190)

* 책값은 뒤표지에 있습니다.
* 잘못 만들어진 책은 교환해 드립니다.

약속의 땅을 향하여

이집트 · 이스라엘 · 요르단 성지순례

이영수·정종균·정인균·남대웅·이향우·손미숙·배정욱

블레싱 북스
Blessing Books

추천의 글

김동운 목사
[순천 성광 교회]

　순천 남노회 순서시찰회에서는 3~4년 간격으로 성지 순례하러 다녔다. 지금으로부터 20여 년 전 1차는 예수님의 공생애 중심으로 이스라엘, 이집트, 로마 2차는 사도행전 중심지 그리스, 터키 3차는 종교 개혁교회지인 체코, 프랑스, 독일, 스위스 4차는 이 땅에 복음을 전해 준 미국 5차는 개혁교회 출발지인 스코틀랜드 에든버러, 영국 등을 다녀왔다. 그러는 동안에 세월은 20여 년이 흘렀고 순서시찰회에서 목회하던 목사들이 은퇴하고, 다른 지역으로 목회지를 옮겨서 현재 순서시찰회에서 목회하는 목사들이 이스라엘 중심으로 한 성지 순례하러 다녀온 분들이 몇 분 되지 않았다. 순서시찰회 일부 젊은 목사들의 간절한 요청으로 6차로 이집트, 이스라엘, 요르단 성지 순례를 다녀왔다.

　성지순례를 시작하게 된 동기는 시골교회나 개척교회에서 시무하는 목사들의 견문을 넓히고 성지를 직접 방문하여 실제로 체험하고 교회에서는 물론 지역에서 섬기는 일에 부족함이 없도록 하기 위함이었다. 성지순례를 준비하고 다녀온 과정에는 많은 어려움과 준비과정이 필요하였다. 순서시찰회 소속 목사와 사모들은 이 일을 위하여 기도로 준비하고 부족함과 어려움이 없도록 서로 격려하고 위로하면서 성지순례를 위한 준비를 하였다. 코로나 이후 해외여행이 제한되었다가 시작된 여행에 대한 염려도 있었고 이번에 갔던 성지는 중동지역이어서 간혹 성지에서 테러, 인질 등 어려움이 있는 경우들이 있기에 준비는 물론 간절히 하나님의 도우심을 구하였다.

10박 12일 동안 어려움 없이 성지순례를 마치고 돌아온 기쁨과 감격은 형언할 수 없이 컸다. 일부 뜻있는 젊은 목사들과 사모들이 성지순례를 탐방하고 돌아온 이후 글을 모아 '약속의 땅을 향하여'라는 제목으로 책을 출판하게 되었다. 일정한 기간에 같은 지역을 방문했지만 각 개인의 경험과 느낌은 다양하였다. 이것을 글로써 표현한다는 것은 깊은 의미를 지니고 글을 읽는 이들에게 다양한 체험을 할 수 있는 좋은 기회가 되리라고 생각된다. 여기에 이 책의 진정한 가치가 있다. 성지순례의 경험이 책이 되어 나오기까지 해산의 수고를 한 한분 한분들 진심으로 위로하며 격려한다 이 책은 앞으로 성지를 방문할 분들에게도 좋은 길잡이가 되리라 확신하며 추천사를 마친다.

추천의 글

이성재 목사
[낙안 중앙 교회]

　순천남노회 서시찰 성지 순례단 (이스라엘 이집트 요르단) 7인 공저 "약속의 땅을 향하여" 출간을 축하합니다.
　이 책은 앞으로 성지순례를 계획하고 있거나 이미 다녀오신 분들께 도움을 주기 위해서 예수님의 삶의 현장인 흔적들을 눈으로 보고 성경속에 기록된 예언의 약속들, 하나님의 섭리 현장들을 직접 보고 느끼는 소감들이 기록돼 있다.
　1장은 이집트 순례로 무덤 마을, 예수님의 피난교회, 카이로 이집트 박물관, 피라미드와 스핑크스, 시내산으로 구성되어있고 2장은 이스라엘 대한 배경지식, 3장은 이스라엘-예루살렘 성지인 비아 돌로로사, 통곡의 벽, 히스기야 왕의 터널 이야기, 성령의 불꽃 마가의 다락방으로 구성되어있다. 4장은 이스라엘 남부지역인 마사다, 사해사본과 쿰란 공동체, 사해, 여리고, 베들레헴, 유대 광야, 삼손의 고향 단지파의 성읍, 다윗의 피신처 아둘람 굴에 관해서 이야기하고 있으며, 5장은 이스라엘 북부지역인 갈릴리 호수,

엘리야 선지자 함성 속으로, 미래의 최후 전쟁터가 나오며, 6장은 페트라, 모자이크 도시 마다바, 그리고 느보산의 이야기로 끝을 맺고 있다. 이 책을 공저한 7인은 현직 목사님 다섯 분과 교역자 부인 두 분으로 목회 현장에서 평소에 성지순례를 소망하는 마음으로 현지에 가서 직접 눈으로 보고 손으로 만져보고 귀로 듣고 가슴으로 느끼고 체험한 소감들을 함께 모여 기도하고 협력하는 가운데 이 책을 만들었다.

이 책이 성지를 찾는 순례자들과 이미 다녀오신 분 중에 기록으로 정리하지 못한 분들께 조금이나마 도움이 되기를 소망한다.

프롤로그
꼭 가보아야 할 성지순례

이영수

인생을 살아가면서 내 생에 꼭 해 보고 싶고 마음에 간직하고 있는 일들, 일명 '버킷리스트(bucket list)'가 누구나 있다. 한 번쯤은 이 일들을 실천으로 옮겨 보고 싶지만, 우리에게 주어진 현실의 여건이 쉽지 않다.

우리가 이 책을 쓰는 이유는 우리뿐만 아니라 이 책을 보는 독자 중에도 우리와 같은 기회가 주어져 실천으로 옮겨질 때 도움이 되길 바라는 마음에서다. 특별히 이 책은 기독교인들의 버킷리스트인 예수님 삶의 현장인 성지를 직접 눈으로 보고 심비에 새겨보고자 함이며 기독교인들로서 2000년 전 예수님 생애의 흔적들이 고스란히 남겨져 있는 현장에 참여해 보고 싶은 이들에게 도움이 되기를 바라는 마음으로 이 글을 남긴다.

이 책에 기록된 내용(이집트. 요르단. 이스라엘)은 구약성경 속에 기록된 예언의 약속들, 특히 아브라함을 통해 약속의 성취를 이루는, 하나님의 섭리 역사의 현장들을 직접 보고 느끼는 소감들이 기록돼 있다.

인간의 삶의 질 향상으로 우리 안에 잠재해 있는 문화 욕구 충족을 위해 외국의 문화체험을 동경하고 기회를 기다리는 사람들이 많아지고 있다. 이와 같은 갈망이 있었던 우리에게 2023년 2월 말에 기회가 되어 여행에 동참하게 되었다. 출발 전 사전지식으로 미리 공부하여 알고 가면 보이는 것들이 많고 여행에 많은 도움을 줄 수 있다. 따라서 성지순례를 계획하고 준비하시는 분들에게는 함께 다녀온 분들의 기록이 조금이라도 도움이 될 것을 확신한다.

우리는 이집트, 요르단, 이스라엘 예루살렘지역을 중심으로 10박 12일의 성지순례를 계획하였다. 하나님께서 이스라엘 백성을 선택하시고 이끌어 가시는 출애굽의 여정을 되돌아보고 모세에게 마지막으로 보여주셨던 약속의 땅 가나안을 다녀왔다. 성지순례는 모든 종교에서 중요한 의미가 있으며 긴 역사를 가진다. 일반적으로 기독교인이 성지순례를 간다고 한다면 두 개의 코스가 있다. 하나는 이집트, 요르단, 이스라엘을 중심으로 한 출애굽의 구약 과정과 예수 그리스도의 사역지인 4복음서 중심 그리고 사도 바울의 선교사역을 중심으로 한 터키, 그리스와 그리고 사도 요한을 통해 계시록에 기록된 소아시아의 일곱 교회를 탐방한다.

이 책의 내용은 하나님이 구약 성지중에서 이스라엘 백성의 시작인 아브라함을 선택하고 민족의 첫 열매인 이스라엘 백성과 언약을 세우시며 이 언약 백성의 훈련을 애굽에서 실시하신 데서 출발한다. 이스라엘은 객이 되어 400년 동안 노예 생활을 하다가 때가 차매 하나님께서 이 언약을 이루시기 위해 모세를 바로의 왕궁에서 학문과 문화를 훈련받게 하신다. 하나님은 계획 속에 예정된 선지자 모세로 하여금 출애굽의 40여 년 동안 광야 생활을 미리 경험하게 하셨다. 선지자 모세를 바로 왕에게로 보내시고 10가지 재앙으로 애굽 왕 바로에게 징벌을 내리신다. 하나님의 징벌 앞에 바로 왕의 굴복으로 말미암아 하나님의 예정 속에 말씀하신 약속의 성취를 모세를 통해 이루어 가시는 출애굽 사건의 현장들을 기록으로 남겼다. 그리고 약속의 땅에 이스라엘 백성들이 들어가 지켜야 할 하나님의 법인 율법을 주시기 위하여 모세를 시내산으로 부르시고 십계명을 직접 기록으로 남겨주신 기록의 현장인 시내산 체험과 광야 생활을 중심으로 한 사명 완수의 현장들을 순례했다. 마지막으로 하나님의 약속인 예수 그리스도를 통해 이루어 가시는 예수의 탄생과 그분의 생애를 중심으로 한 예수가 걸어가신 길 성지 곳곳을 따라가면서 기독교 성지의 현장 체험을 기록했으며, 예수의 공생애가 기록된 복음의 현장을 더듬어 보며 예수와 제자들을 만나고 돌아왔다.

본래 순례라는 말은 종교적 목적을 지닌 여행으로써 일상에서 벗어나 신앙심을 고취하고 새로운 종교적 경험을 얻고자 하는 종교의례의 일종이다. 순례의 라틴어 어원인 'peregrinum'은 '먼 곳을 방랑함(wandering over a distance)'에서 유래되었으며, 순례자(pilgrim)는 본래 '이방인'이나 '통과자'라는 의미가 있다. 성지(聖地)는 우리말로 거룩한 땅이라고 말할 수 있으며 영어로 Holy Land라고 일컫는다. 성지순례는 대개 이스라엘의 예루살렘을 중심으로 하나님의 예정인 구원 계획을 따라 예수 그리스도의 탄생과 구원 사역의 생애 그리고 죽음과 부활의 현장인 그분의 삶의 흔적들을 더듬어 보는 시간으로 성도들에게는 일평생을 살아가면서 꼭 그 거룩한 땅을 따라 현장을 걸어보는 뜻깊은 시간을 말한다. 성지순례는 단순한 여행이 아니기 때문에 기독교 역사 속에 흐르는 신앙 선배들의 삶의 자취와 신앙의 발자취를 더듬어 가는 과거와 현재의 만남을 경험하는 소중한 체험이다.

'처음부터 목격자와 말씀의 일꾼 된 자들이 전하여 준 그대로 내력을 저술하려고 붓을 든 사람이 많은지라(눅 1:2)' 한국에서도 기독교 인구의 증가와 함께 예수 그리스도의 삶의 자리를 되돌아보고 싶은 많은 순례자가 생겨났다. 이 책이 비록 몇몇 개인적인 현장 속에서 만나는 체험과 간증이라고 할 수 있지만, 성지를 찾는 순례객들에게 조금이라도 도움이 될 수 있는 기초자료가 되도록 간절히 바라는 바이다.

성지순례를 함께 다녀온 57명의 동역자들에게 감사드린다. 교정에 참여해주신 시인 겸 소설가인 박기환 목사와 양미경 사모에게도 감사드린다.

차례

추천의 글
김동운 목사 / 004
이성재 목사 / 006

프롤로그
꼭 가보아야 할 성지 순례 | 이영수 / 008

1장 이집트

이집트를 다녀와서 | 배정욱 / 018

1. 무덤 마을(The City of Dead) / 019
2. 예수 피난교회(The Church of Abu Serga) / 020
3. 카이로의 이집트 박물관 / 023
4. 피라미드와 스핑크스 – 기자 피라미드 지구 / 031
5. 시내산 / 036

모세의 부르심과 사명 | 이영수 / 043
모세의 발자취를 따라서 | 손미숙 / 050

2장 이스라엘에 대한 배경지식

이스라엘에 대한 배경지식 | 배정욱 / 060

1. 이스라엘의 지형 / 061
2. 이스라엘의 샘들 / 062
3. 이스라엘 땅의 크기 / 063
4. 이스라엘 도로 / 064
5. 이스라엘 주변의 나라들과 바다들 / 065
6. 이스라엘의 기후 / 066
7. 이스라엘의 나무 / 067
8. 이스라엘의 인구 / 068
9. 이스라엘의 언어 / 069
10. 이스라엘의 물가 / 070

3장 이스라엘 - 예루살렘

모든 것을 쏟은 사랑, "비아 돌로로사" | 이향우 / 074

1 처소 : 빌라도 법정 / 076
2 처소 : 채찍교회, 선고교회, 예수님을 희롱한 곳 / 078
3 처소 : 예수님이 십자가를 지고 처음으로 쓰러진 곳 / 079
4 처소 : 어머니 마리아와 예수님이 만난 곳 / 080
5 처소 : 구레네 사람 시몬이 십자가를 같이 진 곳 / 082
6 처소 : 베로니카 여인이 예수님의 얼굴을 닦아 준 곳 / 083
7 처소 : 예수님이 두 번째로 쓰러진 곳 / 084

8 처소 : 예수님이 예루살렘의 딸들에게 말씀하신 곳 / 085

9 처소 : 예수님이 세 번째로 쓰러진 곳 / 086

10 처소 : 로마 군인들이 예수님의 옷을 벗긴 곳 / 087

11 처소 : 예수님이 십자가에 못 박히신 곳 / 089

12 처소 : 예수님이 십자가에 달려 돌아가신 곳 / 089

13 처소 : 예수님의 시신을 놓았던 곳 / 090

14 처소 : 예수님이 묻힌 곳 / 091

역사와 종교가 만나는 곳! 예루살렘 통곡의 벽 | 정인균 / 093
예루살렘 히스기야 왕의 터널 이야기 | 이영수 / 097
하나님이 설계하신 히스기야 터널 | 손미숙 / 103
성령의 불꽃 마가의 다락방 | 손미숙 / 109

4장 이스라엘 - 남부지역

죽음으로 얻은 자유의 항쟁 마사다 | 남대웅 / 116
사해 사본과 쿰란 공동체 | 남대웅 / 123
죽음의 바다 사해 | 남대웅 / 130
향기의 도시 여리고 | 남대웅 / 133
예언이 성취된 땅 베들레헴 | 남대웅 / 145
메마른 사막 유대광야 | 남대웅 / 154
삼손의 고향-단 지파의 성읍 | 남대웅 / 158
다윗의 피신처 아둘람 굴 | 남대웅 / 161

5장 이스라엘 - 북부지역

갈릴리 호수를 걷다 | 정종균 / 166
엘리야 선지자의 함성 속으로 | 정종균 / 173
미래의 최후 전쟁터를 가다 | 정종균 / 180

6장 요르단

페트라, 바위를 깎아 지은 걸작품 | 정인균 / 188
붉은 바위성 페트라 | 손미숙 / 193
모자이크의 도시, 마다바(메드바) | 정인균 / 198
느보산에서 흘린 모세의 눈물 본다 | 이영수 / 202

에필로그

7인 작가 후기 / 210
성지순례 왔습니다 | 이삼현 / 216

1장

이집트

약속의 땅을
향하여

이집트를 다녀와서

배정욱

'가만히 있어도 어지러운데 11박 12일 성지순례를 잘 해낼 수 있을까?' 전정신경이 약해져 어지러운 지 2년이 넘었지만, 더 오래전부터 꿈꾸었던 성지순례를 포기할 수는 없었다. 기도하는 마음으로 열흘분의 약을 챙겨 여행을 떠났다. 전남 순천에서 아부다비 공항을 경유하여 이집트 카이로까지 가는데, 거의 29시간이 걸렸다. 한국과 카이로의 시차는 7시간이었다. 과거로 시간 여행을 온 느낌이었다.

아랍어책에서 본 아랍어 숫자들이 반가웠다. 책에서만 보던 신기한 글자들이 사방에 흩어져 있는 것이 신기하고 재밌었다. 성경 속 이스라엘, 이집트, 요르단뿐 아니라 현대의 이 나라들을 이해하고 사랑하는 성지순례가 되기를 기대하며 기도했다.

1. 무덤 마을(The City of Dead)

집을 떠난 지 29시간 만에 카이로에 도착하여 기진맥진했지만, 호텔로 바로 가서 잘 수 없었다. 카이로는 아직 정오 12시로 대낮이었다. 우리는 쉼 없이 바로 성지순례를 시작했다. 예약된 버스를 타자 '나다나엘'이라 불리는 현지 한국인 가이드가 이집트와 우리가 창밖으로 보이는 경관들에 대해 설명해 주었다. 카이로는 이집트의 수도이지만 상당히 낙후되어 보였다. 신호등이나 건널목도 없이 차도를 건너는 사람들을 보면 아찔아찔해 보였다. 크고 화려한 공항을 떠나 조금 가니 창문이 없고, 짓다가 만 것 같은 집들이 보였다. 가이드가 우리가 보는 곳이 '무덤 마을'이라고 말했다.

그 마을에는 무덤들이 있고, 가난한 콥틱 기독교인들이 그 무덤에서 산다고 한다. 모슬렘(이슬람교도)이 많은 이집트에 천만 명

의 콥틱 기독교인들이 살고 있다. 그들은 예수님에 대한 믿음을 지키기 위해 무덤에서 살거나 쓰레기를 치우며 산다.

　그들이 사는 곳은 '쓰레기 마을', '무덤 마을'로 좋지 못한 환경이지만, 우리가 버스에서 볼 수 있는 곳 너머에 멋진 동굴 교회를 만들었다고 한다. 그들은 어려운 환경에서도 하나님 나라를 소망하며, 신실하게 하나님께 예배를 드린다고 한다. 자신들의 온 생애를 걸고 예수님을 믿는 그들이 존경스러웠다.

2. 예수 피난교회(The Church of Abu Serga)

　버스에서 내려 성지순례 시작 후 첫 번째 방문한 곳은 구(舊) 카이로에 있는 '예수 피난교회'였다. 교회로 가는 골목길에서 콥틱 기독교인들이 기독교 관련 책들이나 자료들을 팔고 있었다. 그들과 이야기도 나누고 여유 있게 책도 사고 싶었지만, 시간에 쫓겨 가이드를 따라갈 수밖에 없어 아쉬웠다.

　전시해 놓은 사진 중 나일강이 범람하여 우리가 다음날 갈 피라미드와 스핑크스가 있는 부근까지 물이 들어왔던 사진도 볼 수 있었다. 보통 홍수가 나면 재해로 생각되는데, 나일강의 규칙적인 범람으로 이집트는 항상 곡식을 풍성하게 거두었다고 한다. 이제는 댐을 만들어 더이상 나일강이 범람하지 않게 되었고, 그 뒤에 만들어진 도시가 '카이로'라고 한다.

예수 피난교회(The Church of Abu Serga)

'예수 피난교회'는 아기 예수를 죽이려던 헤롯 왕의 박해를 피해 도망해 왔던 예수님과 마리아와 요셉의 은신처 위에 세워진 교회이다.

마가에 의해 시작된 콥틱교회에서는 전통적으로 아기 예수님이 이집트에 피난 오셔서 3년 동안 나일강을 따라 여러 곳을 다니셨다고 보고 있다.

몇 개의 계단을 따라 내려가면 교회의 입구가 나온다. '예수 피난교회'는 이집트에서 가장 잘 알려진 콥틱교회 중 하나로 '바실리카 양식'으로 만들어졌다. 교회 내부에는 예수의 열두 제자를 상징하는 흰색 화강암으로 만든 대리석 기둥이 있다.

이중 다듬어지지 않은 채로 세워진 기둥 하나는 가롯 유다를 상징한다.

교회 안에 많은 성화, 예수님의 가족들이 마셨다는 우물, 포도즙을 짰던 포도즙틀, 콥틱 교인들이 읽었던 성경책들도 전시되어 있다. 교회 지하에는 예수님의 가족들이 살았다고 보는 동굴이 있다.

교회 주변에는 콥틱 기독교인들의 집들이 있다. 한때는 이집트에 콥틱 기독교가 75%까지 번성하였으나, 핍박으로 인해 많이 떠나고 지금은 8% 정도 남아있다고 한다. 그래도 천만 명이 된다. 그들은 자기 손목에 십자가를 새기고 어려움 가운데도 신앙을 지키고 있다.

모세 기념교회(Ben Ezra Synagogue)

'모세 기념교회'라고도 불리는 '벤 에즈라 유대교 회당'은 나일강을 따라 버려진 모세가 파라오의 공주에게 구원을 받았다고 전해지는 곳이다. 댐을 만들기 전에 나일강물이 이곳까지 흘러들어왔다고 한다.

예레미야 선지자가 남유다 멸망 후 이곳으로 와서 회당을 세웠고 이곳에서 죽었다는 학설도 있다. 후에 아랍인들에 의해 파괴된 회당을 1115년 유대인 랍비 '벤 에즈라'가 다시 지어 현재 그의 이름으로 회당을 부른다. 회당이 공사 중이라 들어가지 못하고 밖에서만 보았다.

예수님이 붙잡혀 가셨을 때 알몸으로 도망갔고(막 14:52), 사도바울과 바나바와 함께 갔던 1차 전도 여행에서 도중에 돌아가 버려 사도바울이 2차 전도 여행 때는 데리고 가지 않으려 했던 (행15:37) 마가가 굳건한 믿음을 갖게 되고, 이곳 이집트에 든든한 콥틱교회를 세우고 순교했다는 것이 감동되었다.

지금 당장 나자신이나 다른 사람들이 부족해 보여도 주님 안에서 성숙하면 하나님 나라의 든든한 일꾼이 될 수 있다는 생각이 들었다.

3. 카이로의 이집트 박물관

이집트 성지순례 첫날, 우리가 마지막으로 방문한 곳은 카이로에 있는 이집트 박물관이었다.

박물관에 들어서니 양정무 작가의 [난처한 미술 이야기 1]에

서 보았던 거대한 석상들이 서서 우리를 맞이하고 있었다. 석상들이 책에서 튀어나온 것 같았다. 비록 많이 피곤했지만 반가웠다. 석상 발 받침에 새겨진 그림들은 이집트 고대 상형문자로 석상 주인의 이름을 말해준다.

카이로 이집트 박물관에는 셀 수 없는 수 많은 전시물이 있는데 몇 가지만 언급하면 다음과 같다.

로제타스톤(Rosetta Stone : BC 196년)

많은 전시물 중에서 로제타스톤이 제일 먼저 눈에 띄었다. 로제타스톤은 1799년 이집트 원정을 왔던 나폴레옹의 군사에 의해 나일강 하류의 삼각주 지역인 로제타에서 발견된 비석이다. 프랑스로 가지고 오려던 길에 영국군에게 빼앗겼지만 빼앗기기 전에 프랑스군은 로제타스톤의 탁본과 복사본을 확보해 두었고, 후에 프랑스의 천재 언어학자 '장 프랑수아 샹폴리옹'에 의해 해독되었다.

로제타스톤에 의해 고대 이집트어 해석이 가능해지기 시작했다. 로제타스톤에는 세 가지 서로 다른 문자가 있다. 맨 위에는 기원전 9~7세기경 이집트 상형문자, 그 아래 이집트 일반 대중 사용했던 문자, 마지막으로 그리스어이다. 그중 하나만 해석하면 다른 언어도 해석 가능하다는 의미이다.

로제타스톤은 기원전 196년에 만들어졌으며, 사제들에게 큰 은혜를 베푼 프톨레마이오스 왕조의 프톨레마이오스 5세를 찬양하는 내용이다.

로제타스톤의 진품은 영국대영박물관에 있고, 이집트 박물관에 있는 것은 모조품이다. 아직도 영국은 로제타스톤을 이집트에게 돌려주기를 거부하고 있다고 한다.

나르메르 왕의 팔레트(King Narmer's palette : BC 3100년경)

나르메르 왕의 팔레트는 기원전 3100년경 상이집트와 하이집트를 통일한 나르메르 왕의 업적을 기리기 위해 제작되었다. 길이가 65cm이고 상당히 두껍다.

나르메르 왕의 팔레트 뒷부분에는 상이집트의 왕관을 쓰고 있는 나르메르가 적의 머리를 내리치려는 장면이 새겨져 있다. 이것은 승리를 나타내는 이집트의 정형화된 표현이라고 한다.

팔레트의 한 귀퉁이에 슬리퍼를 들고 있는 사람은 파라오의 비서실장이다. 신분이 낮은 사람은 작게 그려진다. 거대한 매는 호루스 신과 상이집트의 상징이다. 매 밑의 파피루스는 하이집트의 상징이다. 매가 파피루스를 깔고 있는 것은 상이집트가 하이집트를 정복했다는 뜻이다.

나르메르 왕의 팔레트 앞부분 위에 있는 두 황소 사이의 글자는 신성문자로 나르메르 왕의 이름으로 여겨진다. 팔레트 가운데 이집트의 상하관을 합친 왕관을 쓴 나르메르 왕이 걸어가고 있다. 나르메르 왕 뒤에는 신발을 든 비서 실장이 있다. 팔레트의 오른쪽에는 자신의 머리를 다리 사이에 두고 목이 잘린 적군의 시체들이 있다.

파라오의 조각상들(statues of pharaohs)

조세르왕(King Djoser)의 좌상 (고왕조 3왕조 BC 2610)

이집트 고왕국 제3왕조의 파라오였던 조세르왕의 좌상으로, BC 2016년경에 만들어진 조각상이다. 눈의 구멍은 수정이나 유리 눈을 가지고 있은 데 없어진 것으로 추정되고 있다.

조세르 왕은 역사에 기록된 최초의 건축가인 임호텝이 BC 2660년경에 피라미드의 주인이다.

쿠푸왕(King Khufu)의 좌상 (고왕조 4왕조)

"가장 큰 피라미드의 주인인 쿠푸왕의 조각상은 1903년 아비도스(이집트 중부 Thebes 근처에 있던 고대 도시)에서 발견되었다. 이 위대한 군주가 누군지 알게 해주는 호루스의 이름이 왕좌의 오른쪽에 나타나 있다."   - 카이로 박물관

세계에서 가장 큰 피라미드의 주인인 쿠푸왕(고왕조, 4왕조)의 유일한 동상이 겨우 7.5 센티미터라는 것이 반전같이 느껴졌다. 세상에서 커 보이는 사람이 하나님 나라에서 작을 수 있고, 하나님 나라에서 커 보이는 사람이 세상에서 작아 보일 수 있다. 우리가 지금 겉으로 보는 것이 다가 아니라는 느낌이 들었다.

류모세 목사에 의하면 BC 2091년경 아브라함이 이집트로 갔고, 이때가 이집트 전체 왕조에서 제1 혼란기 때쯤이라고 한다. 피라미드가 많이 만들어졌던 고왕조(BC 4000~3011년)를 지나고, 신왕조의 18 왕조가 종교개혁을 하기 전이었다. 또, 모세가 출애굽을 한때는 신왕조 시대라고 한다.

메르넵타 비문 (Merneptah Stele : BC 1209경)

'메르넵타'는 이스라엘 백성이 출애굽 할 때 이집트의 왕이었던 람세스 2세의 13번째 아들이다.

그는 전쟁에서 이긴 것을 기념하여 거대한 비석을 세웠는데, 그것이 바로 '메르넵타의 석비'이다. 이 비석의 아랫부분 가운데 '이스라엘'에 대한 언급이 있다. 기독교인에게나 유대 교인에게는 당연한 사실이지만, 이스라엘이 BC 1200년대에 존재했다는 것을 역사적으로 증명을 해주는 중요한 비석이다.

고고학이 하나님에 대한 믿음이 없는 자들에게는 성경을 입증해 주는 중요한 수단이 될 수 있음을 다시 한번 깨달았다.

투탕카멘의 유물들(The relics of Tutankhamun)

박물관 2층에는 투탕카멘과 관련된 전시물이 많이 있었다. 2층의 반 이상은 투탕카멘에 관련된 전시물 같았다. 유감스럽게도 투탕카멘과 그의 관과 보물들은 사진을 찍는 것이 금지되었다. 태어나서 처음 본 엄청난 보석들이었다.

투탕카멘은 이집트 신왕조 18왕조의 13대 파라오로, 9살이라는 어린 나이에 왕이 되어 18살에 생을 마감한 역사적으로 가장 존재감 없는 파라오였다.

1922년 '하워드 카터'가 룩소르 왕가의 계곡에서 거의 도굴되지 않은 투탕카멘의 무덤 발견했다. 투탕카멘은 역사적으로는 가장 존재감이 없었기에 그의 무덤은 눈에 띄지 않는 곳에 있었고, 덕분에 도굴되지 않은 엄청난 보물들(황금가면과 143개의 보석)이 발견되었다.

출처 : 내셔널지오그래픽

투탕카멘 미라의 얼굴을 덮고 있던 화려한 황금 마스크에는 무려 11km의 금이 사용되었으며 각종 화려한 보석들로 장식되어 있다. 머리에 쓴 관에 코브라와 대머리 독수리 장식이 있다. 코브라는 하이집트를 상징하고, 대머리 독수리는 상이집트의 상징한다. 턱수염 주머니는 왕족만이 기를 수 있는 턱수염을 정리하여 넣었다.

힘이 없었던 소년 왕의 무덤에 이렇게 어마어마한 보석이 있는데, 더 찬란했던 고대 이집트 문명은 얼마나 대단했을지 짐작조차도 할 수가 없다.

이 밖에도 성경에서 모세를 나일강에서 구해준 바로의 공주로 간주하는 하트셉수트(Hatshepsut : 신왕조 18왕조 제 5대 파라오) 조각과 이스라엘 백성들이 이집트에서 탈출할 때 이집트 사람들에게 받았다고 추정되는 종류의 보석들도 볼 수 있었다.

카이로 이집트 박물관에는 유물들이 그냥 널려 있었다. 여러 유물을 통해 화려하고 위대한 제국이었던 이집트가 예전에 실제로 있었다는 것이 실감이 났다.

창세기 12장에서 광야와 같은 척박한 땅 가나안의 기근을 피해 풍요롭고 화려한 이집트로 내려온 아브람의 심정도 이해가 되었다. 이집트에 종으로 팔려 갔을 때 요셉의 눈에 이집트의 화려한 건축물들과 거대한 신상들이 얼마나 거대해 보였을까 상상이 되면서, 그 가운데도 오직 여호와를 믿는 신앙을 지킨 요셉, 또 그 요셉을 늘 돌보셨던 하나님의 사랑이 느껴졌다.

이 거대한 제국 이집트에 선전포고하며 하나님과 함께 출애굽의 위대한 역사를 이루어내었던 모세가 하나님의 부르심 앞에 주저했던 것도 이해가 되었다.

또한, 아무리 위대한 제국도 하나님 앞에서는 아무것도 아니었다는 사실에 우리 하나님이 정말 위대하시다는 생각이 들었다. 때로는 화려한 요건을 가진 사람들을 보거나 부자들을 보면 기가 죽어 담대하게 복음을 전하지 못하는 나를 본다. 이젠 기죽지 말고 위대하신 하나님께 꼭 붙어 있어야겠다.

집 떠난 이후 36시간 이상 쉬지 못해서 너무 피곤했지만, 호텔에서 푹 쉴 수 있어 감사했다. 어지럼증이 낫지 않은 가운데 출발한 일정이었지만, 이렇게 여행지에서 첫날을 잘 보내게 해주신 하나님께 감사드린다.

4. 피라미드와 스핑크스 - 기자 피라미드 지구
   (Giza Pyramid Complex

이른 아침에 맛있는 호텔 조식을 먹었다. 야곱이 에서에게 만들어준 팥죽을 먹을 수 있었다. 사실 팥죽은 아니었고 렌탈 콩죽(lentil stew)이었다. 팥죽만큼 달고 맛있지는 않았지만 먹을만 했다.

식사 후 서둘러 짐을 챙겼다. 매일 짐을 정리하고 챙기는 것만 해도 시간이 오래 걸렸다.

순례 기간 상황에 따라 달라지기는 했지만, 기본적인 시간 패턴은 5, 6, 7이었다. 5시에 기상, 6시에 식사, 7시에 출발. 어지럼증 때문에 일찍 일어나는 것이 힘든 내겐 엄청난 훈련이 되었다.

기자 피라미드 지구(Giza Pyramid Complex)

'기자 피라미드 지구(Giza Pyramid Complex)'에 들어서자 가장 먼저 눈에 들어오는 것이 '쿠푸왕의 피라미드'였다. '쿠푸왕의 피라미드'는 BC 2560년 무렵에 세워졌고, 완공하는데 약 27년이 걸렸다. 피라미드 중 가장 오래되고 큰 피라미드이기에 '대(大)피라미드'라고도 불린다. 대피라미드는 세계 7대 불가사의 중 하나이자, 7개의 불가사의 중에서 유일하게 현존하고 있다.

사막의 뜨거운 날씨일 거로 추정했었는데, 바람이 많이 불고 서늘했다. 시원한 것은 좋았지만, 멋진 사진을 찍지 못하는 것이 아쉬웠다.

쿠푸왕의 피라미드는 두 개의 문을 가지고 있는데, 하나는 원래 지어진 문이고 다른 하나는 도둑들에 의해 지어진 문이다. 현재는 원래 건설된 통로가 폐쇄돼 있고, 도둑들이 만든 통로는 입장료를 내고 관광객들이 피라미드 내부로 들어가 구경할 수 있도록 열려 있다.

기원전 2530~2460년경에 만들어진 기자 대 피라미드 단지에는 세 개의 큰 피라미드와 여러 개의 작은 피라미드들이 있다. 세 개의 피라미드 중 제일 큰 것이 쿠푸왕의 피라미드, 두 번째가 카프레왕의 피라미드, 세 번째가 멘카우레 왕의 피라미드이다. 카프레왕의 피라미드에만 윗부분에 마감재가 남아있어서 가장 크게 보인다. 쿠푸가 할아버지, 카프레가 아버지, 멘카우레가 아들이라고 한다.

고왕국 제 4왕조의 왕인 이들은 기원전 2600년에서 2500년 사이에 이집트를 다스렸다. 이 세 피라미드가 너무 유명해서 세 왕의 통치 시기를 대(大)피라미드의 시대라고 부르기도 한다.

대(大)피라미드 앞에 있는 스핑크스(기원전 2650년경)

카프레왕의 피라미드를 수호하기 위해 만들어진 스핑크스는 카프레왕의 피라미드 정면에 있다. 스핑크스는 B.C. 2650년경에 만들어졌고, 1000년 뒤에 신왕국(新王國)시대 투트모세 4세에 의해 발굴되었다.

피라미드와 스핑크스가 함께 보이는 곳에 사진을 찍었다. 24년 전 신혼여행으로 와서 사진 찍었던 같은 곳이었다. 피라미드와 스핑크스는 4,000년이 넘어도 그대로이지만, 남편과 나는 24년이라는 세월 동안 그만큼 늙었다. 남편과 내 속에는 거대한 '피라미드와 스핑크스'에는 없는 '생명'이 있기 때문이다. 인생이 참 짧다는 생각과 그러기에 소중하다는 생각이 든다. 살아 있는 동안 보람있게 살아야겠다.

스핑크스

수에즈 운하(the Suez Canal)를 지나면서

피라미드와 스핑크스를 둘러보고, 다시 버스를 타고 시내산으로 먼 길을 떠났다. 창밖에는 짓다 만 것 같은 건물들이 줄지어 있었다. 길을 만들기 위해 집을 잘라내기도 했고, 건물이 완성된 뒤에 내야 하는 세금이 부담스러워 많은 사람이 집을 짓다가 말기도 한다고 한다.

약 10년 전 이집트에서 한국인 여행객이 납치된 사건이 있었다. 그 이후로, 이집트 여행은 10년 동안 금지되었고 최근에 재개되었다. 한국인 여행객인 우리를 보호하기 위해 사복을 입은 경찰이 무장 하고 버스에 함께 탔고, 경찰차들이 버스 앞뒤에서 우리를 호위했다.

난생처음 경찰의 호위를 받는 것도 좋았는데 광야 한복판에서 멈출 수가 없어 홍해의 수에즈 운하와 마라의 우물, 르비딤 지역을 창밖으로만 봐야 하는 게 아쉬웠다.

홍해의 수에즈 운하를 지나가기 위해서 버스 전체가 통째로 검색되었다. 수에즈 운하에서 내려 홍해를 볼 수 있을 거라고 기대했지만, 우리는 버스에서 내리지 못하고 해저 터널로 바로 통과했다.

이 광야 길은 홍해를 건너 들어간 신(Zin) 광야 길이다. 지금부터 약 3500년 전 남자만 60만 명, 여자와 아이들을 합하면 200만 명 이상이었을 이스라엘 백성들이 소와 양들을 데리고 갔던 길이다.

우린 광야 한가운데 허름한 휴게실에서 한식 도시락을 먹었다. 따뜻하지는 않았지만 맛있었다. 점심 식사 후 다시 버스를 타고 오랜 시간 달려 어둑어둑해서야 시내산 중턱의 '모간 랜드 호텔(Morgan land hotel)'에 도착하였다.

맛있는 저녁 식사가 우리를 기다리고 있었다. 몸은 피곤하고 힘들었지만, 마음만은 즐거웠다. 아침에 스핑크스 옆에서 왼쪽 발목을 삐었다. 몸이 몹시 피곤한 데다 어지럼증도 있어 중심을 잡지 못하고 풀썩 주저앉았었다. 다행히 심하게 다치지는 않았지만, 다음날 무사히 시내산을 올라가기 위해 침을 맞았다. 함께 여행하시는 한 목사님이 침을 잘 놓으셨다. 시내산 중턱에서도 침을 맞을 수 있게 하신 하나님과 그 목사님께 감사하다.

다음 날 새벽 2시에 출발을 해야 했기에 잠을 3시간 밖에 못 잤다. 어지럽고 피곤하고 다리가 아프고 잠 오는 상태에서 어떻게 시내산을 올라갈까 걱정은 되었지만, 하나님께 맡기고 잠시라도 잤다.

5. 시내산

시내산 등반

남편과 나는 3시간 자고 매우 일찍 일어났다. 우리는 새벽 2시에 시내산 정상에 오르기 시작했다. 많은 사람이 함께 출발했다. 어제 발목을 삐었기 때문에, 호텔에 있는 가게에서 1달러를 주고 지팡이를 빌려, 양쪽에 지팡이를 하나씩 잡고 시내산을 올랐다.

10분 정도 걸은 후에 낙타를 탔다. 낙타를 얼마나 오래 탔는지 모르겠다. 대략 한 시간에서 두 시간 정도 낙타를 탔다. 낙타를 타고 내릴 때 앞으로 쏠려서 잘못하면 앞으로 떨어질 것 같은 느낌이 들었다. 낙타를 타고 내릴 때 몸을 뒤로 조금 젖혀서 앞으로 쏠리지 않도록 했다. 낙타를 타는 것이 편하지는 않았다. 낙타를 타는 동안 다리를 계속 벌리고 있어야 하고, 엉덩이 부분이 끼였다. 남편은 불편해서 중간에 내려서 걸어가는 것이 낫겠다고 생각했다고 한다. 하지만, 나는 발목을 보호하기 위해 조금 힘들더라도 낙타를 타는 쪽이 훨씬 편했다.

베두인족 사람들이 낙타를 한 마리씩 몰았다. 10대로 보이는 어린 베두인 아이들도 낙타를 잘 몰았다. 올라가면서 그들끼리 내가 알아들을 수 없는 말들을 했다. 이때를 위해 아랍어 공부를 했는데, 하나도 알아들을 수 없었다. 언어 공부가 정말 재밌기는 했지만 알아듣고 말하기까지 정말 많은 시간과 노력이 필요하다는 것을 다시 한번 실감했다. 밤하늘에 쏟아지는 별을 보며 간혹 들리는 베두인 아이의 목소리를 음악 삼아 한참을 올라갔다.

낙타에서 내려 잠깐 휴식을 취했다. 산 중간중간에 베두인 사람들이 운영하는 카페가 많이 있었다. 거의 다 왔다고 생각했는데 한두 시간 낙타를 타는 것은 시작에 불과했다. 시내산 정상에 오르려면 700개 이상의 돌계단을 올라가야 했다. 정말 힘들었다. 지금도 그 길을 어떻게 올라갔는지 생각하면 신기하고, 그저 하나님의 은혜였다는 생각이 든다.

정상 근처 베두인 카페에서 우리가 그들에게 2달러를 주면, 우리가 가지고 간 컵라면에 뜨거운 물을 부어준다. 카페에서 컵라면을 팔지만 맛있는 한국 라면은 없어서 미리 준비해 갔다. 산을 오르는데 너무 오랜 시간이 걸려 곧 동이 틀 거라고 해서 허겁지겁 먹기는 했지만 정말 맛있었다.

문도 제대로 닫히지 않고 전깃불도 없는 화장실에 가려고 너무 오랜 시간 줄을 서 있어서, 컵라면을 먹는 시간을 충분히 갖지 못했다. 조금 올라가 보니 정상 가까이에 무료 화장실이 더 있었는데 그것도 모르고 두 사람에 1달러의 화장실 요금을 지급하고, 줄을 선다고 너무 오랜 시간을 허비해 버렸다. 어쨌든 시내 산에 이런 화장실들이 생겨서 감사했다. 24년 전에 시내산에 올라왔을 때는 화장실이 없어 정말 불편했었다.

해가 뜨기 직전 시내산

시내산 정상에서 바라본 시내산은 세상에서 볼 수 있는 가장 멋진 장관 중 하나였다. 모세 기념교회 옆에서 아름다운 시내산을 내려다보며 잠깐 예배드렸다.

시내산에서 보는 일출은 정말 멋졌다. 하나님의 솜씨에 거저 감탄할 뿐이었다. 여기저기서 흥얼흥얼 하나님을 찬양하는 소

시내산 엘리야샘

리가 들렸다. '햇빛을 받는 곳마다 주 예수 다스리시고, 이 세상 끝날 때까지 그 나라 왕성하리라' 라는 찬양이 실감 났다.

시내산에서 내려오는 길

시내산 일출의 감격과 달콤한 휴식이 끝나고 이제 또 700개가 넘는 계단을 내려가야 했다. 내려가는 길에 다리에 힘이 풀려 미끄러지지 않으려고 한 걸음 한 걸음 조심조심 내려갔다. 눈앞에서 덩치가 큰 한 외국인이 크게 미끄러져서 넘어졌다. 깜짝 놀랐다. 다행히 그는 다치지 않았고, 다시 계단을 계속 내려갔다.
어느새 함께 온 분들은 모두 내려갔고, 나는 제일 마지막으로 뒤처졌다. 하지만 남편과 함께했고, 베두인 가이드가 함께 해주어서 고마웠다.

드디어 700개가 넘는 계단을 다 내려왔지만, 그렇다고 이제 걷는 것이 끝난 것은 아니었다. 다시 평평한 길을 한참을 걸어서 내려가야 했다.

내려가는 길에 올라오면서 보지 못한 새로운 광경들이 눈에 들어왔다. 올라갈 때는 깜깜해서 밤하늘에 수많은 별만 보였는데, 내려오면서는 시내산의 거대하고 아름다운 황금빛 바위들을 볼 수 있었다. 엘리야가 이세벨을 피해서 숨었고, 모세가 시내산 정상에 있는 동안 이스라엘의 70 장로들이 모세를 기다렸던 곳이라고 추정되는 엘리야의 샘도 보았다.

이 험난한 산을 80세가 넘었던 노인 모세는 여러 번 왔다 갔다 한 거 보면 상당히 건강했을 것 같다. 내려가는 길에 한국인 순례객들 주위에서 "Help?, I am a good helper"라고 말하며 손잡아 주겠다고 하는 베두인 아이들이 다람쥐같이 날쌔게 산을 오르내리며 집요하게 호객행위를 했다. 나중에 그중 헌 아이의 손을 잡고 같이 내려오신 분들 말을 들으니 20달러를 달라고 했다고 한다.

산에서 내려가다 지쳤을 때 낙타 몰이꾼을 만났다. 남편이 그와 금액을 협상하여 난 다시 낙타를 탔다. 내려오는 길이 좁긴 했지만, 길가에 돌무더기가 세워져 있어서 덜 위험해 보였다. 24년 전 시내산을 오를 때는 이런 돌무더기조차 없어서 낙타가 발을 헛디딜까 걱정이 되었었다. 지금은 낙타를 타고 있는 사람이 졸다가 떨어지지만 않으면 괜찮다.

마침내 캐서린 수도원에 도착했다. 24년 전에는 문이 잠겨 있어 들어갈 수 없었는데, 이번에는 문이 열려 있어 수도원 내부도 구경할 수 있었다. 잠시나마 수도원에서 휴식을 취했다.

이집트인의 마음입니다

시내산 등반이 너무 힘들었을까? 호텔에서 버스를 타다가 이번에는 오른쪽 다리를 빼면서 버스 난간에 세게 박아 왼쪽 다리를 다쳤다. 다친 부위는 1cm 정도밖에 되지 않았는데, 피가 많이 나와 깜짝 놀랐다. 아마도 혈관이 터졌던 것 같다.

호텔 로비에 있던 많은 한국인 여행객들과 이집트 직원들이 나를 걱정해 주고 돌봐주었다. 어떤 이집트인은 휴지를 잔뜩 가져와서 피를 닦게 해 주고, 어떤 목사님은 좋은 밴드를 붙여 주셨다.

호텔 안의 '임마누엘' 상점의 이집트인은 그가 가게에서 파는 예쁜 양말을 가지고 와서 피 묻은 양발을 갈아신으라고 했다. 내가 그것은 못 받겠다고 하자 그가 따뜻한 눈빛으로 나를 보며 "이집트인의 마음이다"라고 말해서 감사하다고 받았다. 정말 감동되었다. 그런 상황이 부끄러웠지만, 진심으로 나를 걱정해 주고 도움을 주려는 이들이 고마웠다.

이집트의 많은 사람이 모슬렘이다. 하나님이 임하셨던 거룩한 땅에 살면서도 하나님을 알지 못하는 그들을 보니 마음이 많이 아팠다. 이들도 마음이 따뜻하고 착한 사람들인데 말이다.

이집트의 '한국식당'

이집트에 와서 처음으로 한국식당에 갔다. 24년 전 '한강 식당'이 있었는데, 거기에 가지 않을까 궁금했었다. 가이드에 의하면 10년 동안 한국인 관광객이 오지 않게 되자 '한강 식당' 주인은 떠났고, '한강 식당' 주인에게서 한식 요리하는 법을 전수한 아랍인이 '한국식당'을 개업해서 장사하고 있다고 했다.

가게 안 실내장식은 한국적인 요소들과 아랍적인 요소들이 섞여 있었다. 음식도 한국에서만큼 푸짐하고 맛있지는 않았지만, 먹을만했다.

맛있는 한식을 먹고, 이스라엘로 들어가기 위해 타바 국경으로 버스를 타고 갔다. 오른쪽에는 아카바만 홍해가 보이고 왼쪽에는 끝없는 광야가 펼쳐졌다.

국경을 넘을 때마다 긴장된다. 여기까지 먼 길을 왔다가 돌아가야 하는 일이 없기를 기도하며 여러 가지 심사를 거쳤다. 일행 중 2명이 무작위로 걸려 심층적으로 심사를 받기는 했지만, 모두 무사히 통과하여 마침내 약속의 땅 이스라엘로 들어갔다.

모세의 부르심과 사명

이영수

　예수 믿는 기독교인들은 늘 마음속에 가보고 싶었던 곳 성지중의 하나가 모세가 사명자로 부르심을 받은 시내산과 이스라엘 백성들이 광야 40년의 생활을 마치고 약속의 땅에 입성하기 전 모세가 가나안 땅을 바라보며 눈물을 흘렸던 느보산일 것이다. 이런 마음이 간절했던 우리에게 2023년 3월 우리에게도 기회가 찾아왔다.

사명자로 부르심을 받은 모세

　사람은 누구든지 인생 사용설명서를 알고 계시는 창조자께서 사명을 완수하도록 불러주시고 만나주시는 사건을 경험하게 된다. 큰 그림을 그리고 계신 하나님께서 한 분을 만나주시고 사명자로 부르시는데 그분이 바로 모세이다. 모세야 이제 가라. 내가 너를 바로에게 보내어 너에게 내

백성 이스라엘 자손을 애굽에서 인도하여 내게 하리라(출 3:10)

우리 팀은 모세에게 주신 십계명을 받던 장소 이집트 시내산(호렙산) 등정을 앞두고 이른 새벽부터 긴장과 기대감으로 가득 차 있었다. 새벽 2시에 기상하여 산에 오를 장비를 갖추고 도보로 출발했다. 우리 일행이 도착한 시내산 입구에서 나는 깜짝 놀랄 수밖에 없었다. 이른 새벽 시간에 우리를 기다리고 있는 낙타들을 보면서 마음속으로 큰 감동을 주체할 수 없었다. 우리 일행을 기다리는 낙타의 무리를 보면서 머릿속을 스쳐 지나가는 문구가 있었다. '낙타는 무릎으로 주인을 맞이한다.' 이 말이 가슴을 뭉클하게 했다. 사람도 아닌 동물들이 그리고 앞과 뒤를 구분할 수 없는 이른 새벽 어두운 시간에 낙타들이 줄지어 주인의 명령을 숨죽이면서 기다리고 있었다. 비록 말을 못 하는 짐승이지만 주인에 대한 순종의 모습이 마음속에 전율을 느끼게 했다. 이런 일들이 수없이 반복돼도 낙타는 늘 무릎으로 주인을 섬기고 무거운 짐도 마다하지 않고 순종하는 모습이다. 나는 가만히 주인의 명령을 기다리고 있는 낙타를 지켜보면서 우리를 지으신 하나님을 생각하게 되었다.

나는 낙타의 무릎으로 살아가고 있는가? 우리를 불러주시고 사명을 주신 창조주의 명령에 따라 사명 받은 자의 삶과 의무를 다하는지 생각해보았다

　모세는 모세 본인의 의도와는 아무런 상관이 없이 – 출생부터 죽음까지 – 이집트에서 구원자의 사명을 감당하기 위한 사명자로서 삶을 살았다. 하나님이 계획해 놓으신 아므람과 요게벳 사이에서 그것도 사내아이로 태어나게 되고 그 당시 애굽의 문화 환경이 나일강에 던져져 죽임을 당해야만 하는 시대 비운의 운명, 누구도 바로왕의 명령을 거역할 수 없는 악조건 속에 태어났다.
　하나님의 예정하신 묘략을 그 누가 알까? 갈대 상자 속에 어쩔 수 없이 담겨 나일강물에 던져져 죽을 수밖에 없는 모세의 처절하고 기막힌 운명 그리고 배후에 숨어계셔서 역사하시는 하나님의 또 다른 역사가 펼쳐지고 있음을 그 누가 알까?
　하나님께서는 모세가 알지 못하는 사명자로서 구원 계획을 아브람 때부터 만들어놓으셨다. 하나님은 아브람이 제사를 지내고 있을 때 찾아오셔서 아브람에게 하나님의 계획을 말씀하신다. 제사를 지내는 아브람도 그 높으신 계획

을 알 수가 없었다.

"여호와께서 아브람에게 이르시되 너는 반드시 알라 네 자손이 이방에서 객이 되어 그들을 섬기겠고 그들은 사백 년 동안 네 자손을 괴롭히리니 그들이 섬기는 나라를 내가 징벌할지며 그 후에 네 자손이 큰 재물을 이끌고 나오리라"(창15:13~14)

아브람의 제사에 하나님의 약속은 도도한 강물처럼 애굽의 사백 년 역사를 간섭해 가시며 놀라운 비밀의 순간들을 아무도 모르지만 하나하나 이루어 가시고 계신다. 아브라함과 이삭과 야곱의 12명의 아들 중에 요셉은 형제들의 미움을 받아 애굽 상인들에게 팔려 이국만리 애굽 땅에 들어가게 되고 보디발 집에서 노예 생활하던 중 보디발 아내의 미혹 사건으로 애굽 정치 지도자의 감옥에 들어가게 된다. 거기서 애굽의 정치훈련을 받던 중 술 맡은 관원장과 떡 맡은 관원장을 만나게 되고 술 맡은 관원장의 복직으로 2년 뒤에 애굽 바로 왕 앞에 서게 되는 드라마 같은 극적인 일들이 펼쳐진다. 그리고 바로가 꿈을 꾸게 되고 바로의 꿈을 해몽하므로 바로의 총리대신이 되는 -모든 숨겨진 배경의 역사가 모세를 통한 하나님의 계획 성취의 진행과정임을 모세는 알지 못하지만- 일이 진행되고 있었다.

모세의 사명 완수의 역사 시작

(하나님의 각본 드라마 펼쳐진다)

모세 출생의 신비함과 나일강에 띄워져 흘러갈 수밖에 없는, 모세에게 숨겨진 하나님의 비밀 역사는 아무도 모른다. 모세 이야기는 나일강에 조그마한 갈대 상자 방주가 이스라엘 백성을 구원으로 연결하는 극적인 믿을 수 없는 사건들이 펼쳐진다. 모세를 물에서 건져내기 위해 바로의 공주를 나일강으로 보내셔서 모세를 만나게 해주신다. 놀라운 하나님의 타이밍을 누가 알까? 또한 바로의 공주의 자녀로 양육되기 위한 유모 준비 그리고 젖을 먹이는 양육 과정에 이스라엘 백성의 놀라운 부모교육이 공주의 아들이라 칭함을 거절하고 고난을 이겨내게 한다. 그리고 훗날 미디안 광야에서 양치기 40년의 훈련을 마치고 애굽왕 바로 앞에 모세는 당당히 서게 된다.

사명자 모세의 순종

출애굽의 힘든 과정에 하나님은 모세를 성지 시내 산으로 부르시고 이스라엘 백성의 영원한 지침서 십계명을 친필로 기록해 주시며 이스라엘 법을 완성해 주셨다.

걸어서 시내산에 도착한 우리는 놀라움을 감출 수가 없

었다. 그 높은 정상에 오르기까지 허허벌판 악산에서 40일을 금식하므로 그 힘든 시간을 사명자로서 견디어 내야만 하는 모세의 고통과 아픔을 강하게 느낄 수가 있었다. 한두 번도 아닌 수많은 백성에 대한 실망감이 모세를 힘들게 하지만 끝까지 아픔을 참아내며 이 무겁고 소중한 사명을 완수해 가는 모세의 아픔과 낙타의 무릎이 겹치면서 우리에게는 시내산 등정이 큰 감동과 여운으로 남아 지금도 가슴에서 살아 움직이고 있다

성산 시내산의 감동을 간직하고 하산할 때 말없는 낙타를 만나게 된다. 낙타는 하루 일을 끝마칠 시간이 되면 주인 앞에서 무릎을 꿇고 등에 있는 짐이 내려지길 기다린다. 낙타는 또 새 날이 시작되면 또다시 주인 앞에서 무릎을 꿇고서 주인이 얹어 주는 짐을 말없이 짊어진다. 낙타는 주인이 얹어 주는 짐을 절대 마다하지 않는다. 그 짐은 낙타 자신의 존재 가치를 보여줄 뿐만 아니라 일을 다 이룬 후에는 주인의 손에 의해서 내려질 짐이기 때문이다. 주인 앞에서 무릎을 꿇는 낙타에게서 우리는 인생의 삶을 배운다.

낙타만이 주인이 있는 것이 아니다. 우리에게도 주인이

있다. 성경은 그 주인이 바로 하나님이심을 알려준다. "명한 대로 하였다고 종에게 감사하겠느냐 이처럼 너희도 명령받은 것을 다 행한 후에 이르기를 우리는 무익한 종이라 우리가 하여야 할 일을 한 것뿐이라 할지니라"

　기독교인의 성지 시내산은 낙타를 통해 그리스도인은 주인에게 무릎을 내어 드리는 겸손을 배우는 사명의 성산이다.

모세의 발자취를 따라서

손미숙

시내산은 모세가 십계명을 받은 거룩한 산이다. 혼자 부르심을 받고 올라가서 불 가운데서 강림하신 하나님을 뵈었던 모세. 십계명과 삶의 모든 세세한 법을 하나님께 받았다. 계약 백성으로 부르신 하나님. 삶의 모든 질서를 알려주시고 사랑으로 이스라엘을 붙드시는 하나님의 은혜가 있는 곳이다. 또한 금송아지를 만들어서 그것이 하나님이라고 섬기며 춤추던 말 안 듣는 이스라엘 백성들을 이곳까지 데리고 온 모세의 수고가 느껴지는 산이다.

우리 일행은 시내산에서 일출을 보고 몇 번이나 시내산에 올랐던 모세의 영성을 느껴보고자 새벽에 일어났다. 캄캄한 밤길을 한참 걸어 올라가니 수십 마리의 낙타들이 대기하고 있었다. 낙타를 모는 이들 중에는 작은 아이들이 많았다. 한 사람이 한 마리 또는 두 마리를 이끌었다. 한창 사랑받을 나이에 돈벌이하는 아이들이 안쓰럽다.

무서움 반 설렘 반으로 낙타를 탔는데 의외로 편안했다. 가이드가 오늘 밤에 보게 되는 별이 지금까지 살면서 보아온 모든 별보다 더 많은 별을 보게 될 거라고 했다. 와! 과연 시내 산의 밤하늘엔 하늘 가득 진주처럼 빛나는 많은 별이 저마다의 빛을 발하며 아름다운 자태를 뽐내고 있었다. 하나님의 무한하신 창조의 신비에 경외심이 더해지는 순간이었다.

낙타가 가파른 산 비탈진 외길로 갈 때는 겁이 나고 몸이 저절로 움츠러졌다. 그러나 경험 많은 낙타는 조금의 요동도 없이 거친 산비탈 길을 잘도 오른다. 익숙하게 가는 낙타를 신뢰하게 되고 나중엔 저절로 낙타에게 몸이 맡겨졌다. 가는 중간중간 정거장이 있는데 음료수를 파는 작은 쉼터였다. 어둠 속 빛나는 경이로운 별들의 향연 속에 기도하며 찬송하며 750계단 밑에 이르렀다.

좁은 산길에 여기저기 무릎 꿇은 낙타들이 보인다. 우리 일행을 태우고 먼저 도착한 낙타들 수십 마리가 엎드려 있는데 그 사이로 나중에 온 낙타들이 능숙하게 지나간다. 아무리 열악한 환경이라도 살아가는 길은 다 있는 것 같다.

　계단이라고 하지만 실은 돌들을 계단식으로 맞춰놓은 것이었다. 험한 바위산을 애써 수고한 이들의 사랑으로 쉽게 오르는 게 감사했다. 십 년 넘게 무릎이 아픈 나는 스틱을 가져갔고 팀에 문제를 줄 세라 부지런히 올라갔다. 앞선 젊은 목사님이 계속 불을 비춰주는 사랑 속에 정상 밑에 있는 작은 가게에 도착했다. 자신보다는 남의 안위를 먼저 생각하는 그 배려심에 감사하고 더욱 용기를 내어 걸을 수 있었다. 도착한 세계 각국에서 모여든 크리스천들과 웃으며 인사하고 맛난 컵라면을 먹었다. 함께 예수님을 믿는다는 사실 하나로 영적 가족이 되고 금방 친근해졌다.
　컵라면 하나로 추웠던 몸이 따뜻해진다. 가게가 좁아 많은 사람이 밖에서 라면을 먹게 되어 조금 미안했다.
　조금 더 올라가 시내 산 정상에서 뜨거운 가슴으로 감격스러운 예배를 드렸다. 영혼을 담은 찬송과 기쁨으로 전파한 말씀, 우리 모두의 정성 어린 예배를 하나님이 기뻐 받으셨으리라 믿는다.
　30년 전에 이 산을 오를 때는 풀을 찾으려고 애써도 한

포기도 발견할 수 없었다. 이번에는 풀 몇 포기를 보았다. 이런 삭막한 산을 금식하며 오르고 또 오른 모세의 노고를 생각하면 마음이 아프고 저절로 고개가 숙여진다.

우리는 모세보다 낫다. 홀로 짐을 지고 힘들고 고독했을 모세에 비해 오늘 우리는 수많은 동역자와 함께 산에 오르지 않았는가? 이 땅에는 여호수아 같은 차세대 목회자들도 많지 아니한가?

신앙생활하고 목회 사역하면서 느끼는 수많은 외로움도 모세의 외로움엔 비할 수 없으리. 때론 도망가고 싶고 모든 것을 다 놓아 버리고 싶을 때라도 시내산을 오르며 만났던 모세를 생각하면 다시 힘을 낼 수 있으리라 생각한다.

시내산 정상에는 4세기에 세웠다는 교회 자리에 1934년에 다시 세운 모세의 기념 교회가 있다. 이 돌 바위산에 어떻게 이런 교회를 세웠을까? 감탄이 절로 나온다. 시내산을 울리는 젊은 목사님의 아름다운 찬양 후에 사진을 찍으며 일출을 기다렸다.

모세가 이 험한 바위산에서 십계명을 받기까지 얼마나 힘든 시간을 보냈을까? 그리고 우상 숭배하던 그들 때문에 다시 올라와야 했던 이곳. 그 사랑과 온유함. 모세의 영성을 배우려면 이 시내산은 꼭 올라와 봐야 한다고 생각한다.

전에 왔을 때는 일출을 기다리는데 하늘이 붉게 물들여지더니 발밑에서 빨간 불덩이가 슈-욱! 하고 올라왔다. 정말 감동적이었다. 이번 일출은 다른 자리에서 맞이했는데 저 멀리서 잔잔하게 하늘을 붉게 물들이며 빨간 태양이 수줍게 모습을 드러내었다.

이제 하산이다. 스틱을 의지해서 열심히 걸었다. 수년 동안 산행을 못 했던 내가 한 번의 통증도 없이 무사히 내려온 건 나에겐 하나의 기적이었고 하나님의 특별한 은총이었다. 순간순간 나의 기도에 응답하시는 살아계신 하나님께 감사드린다.

시내산에서 열심히 내려오니 산기슭에 모세가 하나님의 부름을 받았던 떨기나무가 있는 캐더린 수도원이 있었다. 여호와의 사자가 떨기나무 불꽃 가운데서 나타나셨을 때 그 신비로움은 어떠했을까? 이어서 하나님이 떨기나무 불꽃 가운데서 모세를 부르시고 소명을 주셨을 때 모세는 얼마나 놀라고 떨렸을까? 하나님은 순종의 사람 모세를 통해 이스라엘의 새역사를 써나가셨다.

함께 오신 목사님들을 통해서도 하나님은 지금도 일하시고 새역사를 쓰고 계신다. 목사님들을 통해서 많은 생명의 구원 역사가 이루어지기를 기도한다.

로마제국 시대 박해가 심할 때 일부 수도사들이 도시를 떠나 광야에 가서 명상과 묵상으로 하나님을 찾는 운동을 했다. 시내산 근처에도 수도사들이 점차로 모이게 되었다. 수도원을 세우고 황제 우상 숭배를 거절하고 신앙을 지켰다.

알렉산드리아 출신 캐더린은 지성과 미모를 겸비한 귀족 가문의 딸이었다. 그녀는 황제로부터 개종 권유를 받고도 굴하지 않고 믿음을 지키다 모진 고문 끝에 순교했는데, 그녀의 이름을 따서 성캐더린 수도원이라고 불렀다고 한다.

죽을 정도의 고문을 받고도 배교하지 않고 신앙을 지킨다는 것, 너무 귀하고 아름답다. 그래서 지금도 캐더린 수도원이라는 이름 안에 그녀의 신앙이 불같이 타오르고 있어 많은 영혼을 깨우고 있다.

이 수도원은 4세기에 수도사들에 의해 처음 건립된 후

비잔틴 시대 AD557년 유스티아누스 황제의 명으로 현재의 수도원이 건설되었다. 11세기 이슬람 시대에도 종교적 균형을 유지했으며 나폴레옹 시대에도 이 수도원은 보호받을 수 있어서 현재의 모습을 지킬 수 있었다고 한다.

  수도원 안에 있는 도서관은 로마 바티칸 다음으로 귀중한 성경 사본과 희귀본을 많이 소장하고 있다. 특히 시내산 사본은 4세기경에 희랍어로 쓰인 것으로 신약성경 전체의 사본으로는 가장 오래되었다. 전에는 들어갈 수 있었는데 이번엔 일부만 들어가게 해서 아쉽게 발길을 돌려야 했다.

  광야는 사람을 참 단순케 한다. 욕심도 사심도 다 모래 속에 묻게 한다. 핍박을 피해 광야로 나온 그들의 신앙은 오직 하나님만 갈망하는 신앙이었을 것이다. 하늘만 바라보고 하나님만 남편 삼아 성경을 연구하며 기도하며 영성 깊은 삶을 살았을 수도사들이 존경스럽다. 대학 선배 중에 지리산 자락 개신교 공동체 일원으로 고무신 신고 다니고 고구마 키우면서 지체 장애아들을 돌보며 인생을 송두리째 주님께 드리고 살다가 하늘나라로 옮겨간 이가 있었다. 욕심도 없이 그저 그리스도의 신부로 결혼도 하지 않고 온전히 묵상과 섬김과 헌신의 삶만 살았다. 교사직도 버리고 물욕도 명예욕도 없이 말씀과 수도자들의 책을 읽으며 광야의 길을 주님 손잡고 걷던 너무나도 순수했던 그분이 너무 부러웠다.

오롯이 주님만 사모하는 무리가 별빛을 보고 명상에 잠기며 조용한 기도 훈련을 통해 주님께 더 가까이 나아가는 광야. 개신교에도 광야에 있는 수도원 같은 이런 은혜의 장소가 많이 있으면 좋겠다.

2장

이스라엘에 대한 배경지식

약속의 땅을 향하여

2장 이스라엘의 배경지식

배정욱

이스라엘 타바 국경을 통과하니 우리를 태울 버스가 기다리고 있었다. 버스를 타고 우리가 머물 '오아시스 여리고 호텔'까지 3시간이 넘는 시간을 또 가야 했다.

이집트와 비교하여 이스라엘은 도시가 깨끗하고 예뻤다. 물론 신호등도 있었다. 출애굽 시대까지 이집트가 화려하고 이스라엘은 광야의 척박한 땅이었는데, 이젠 서로 바뀌었다.

이스라엘 타바 국경에서 여리고로 올라가는 길에 창밖으로 보이는 경치가 왼쪽과 오른쪽이 너무나 다른 것이 신기했다. 왼쪽으로는 신도시들이 계속 보였고, 오른쪽으로는 광야가 펼쳐졌다.

이스라엘 사람들은 광야에도 물을 끌어다가 종려나무 농장을 만들었다.

이사야 43:19 "보라 내가 새 일을 행하리니 이제 나타낼 것이라. 너희가 그것을 알지 못하겠느냐? 반드시 내가 광야에 길을 사막에 강을 내리니~"
하나님은 정말 말씀대로 하신다.

타바 국경에서 여리고 호텔까지 3시간 42분을 가는 동안 가이드는 이스라엘에 대한 여러 가지 배경지식을 설명했다.

1. 이스라엘의 지형

지도에서 보는 바와 같이 이스라엘은 '브엘세바' 아래 남쪽 50%가 광야이다. 브엘세바 아래 지역은 연간 100mm밖에 비가 내리지 않는다.

브엘세바부터 북쪽으로는 브엘세바, 헤브론, 베들레헴 등의 산지가 형성되어 있다.

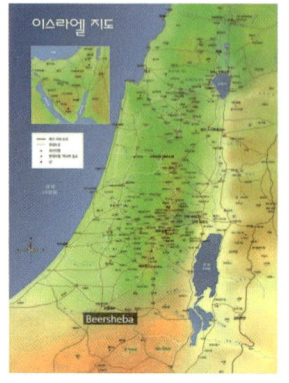

베냐민 지파 땅을 넘어서서 벧엘과 아이를 지나가 족장의 길을 따라 쭉 올라가다 보면 에브라임 산지와 므낫세 산지가 있다.

에브라임 산지와 므낫세 산지를 합쳐서 사마리아 산지라고 한다.

60번 도로로 쭉 올라가는 길이 산 능선이다. 우기 때에 비가 오면은 80%는 서쪽으로 내린다. 동쪽으로는 20%의 물이 흐르고, 남쪽으로는 물이 없다.

2. 이스라엘의 샘들

이스라엘 땅의 지반의 90%는 석회암반이다. 이스라엘 하늘에서 내리는 비의 20%가 이 석회암반으로 들어가 약한 지반을 통해 샘으로 솟아난다. 그러한 샘 가운데에 유명한 것이 엔게디 유다 광야의 '엔게디 샘'과 텔여리고 옆 엘리사가 최초로 기적을 일으켰던 '엘리사의 샘'이다.

현재 엘리사의 샘의 근원은 샘을 보호하기 위해 지은 건물 안에 있다. 엘리사의 샘이 있었기에 여리고라는 큰 도시를 세울 수 있었다고 한다.

'와디 퀠트'라고 불리는 여리고로부터 예루살렘으로 올라가는 고대 길(예수님이 자주 다니셨던 길)도 거기서 물을 구할 수 있어서 형성되어질 수 있었다. 고대길을 따라 올라가다 보면 샘이 터져 올라오는 곳이 곳곳에 있다.

이렇게 이스라엘의 땅 대부분이 광야이지만 도시가 생길 수 있었던 이유가 자연 샘이 있었기 때문이다. 엔게디와 여리고 인근 지역들은 광야였지만, 그곳에 사는 사람들은 샘들과 사해를 통해 상당한 부를 축적했다. 그들은 종려나무 열매인 타마르 외에도 사해로부터 미네랄, 소금, 광물을 통해, 의약품과 향수의 주요한 재료가 되는 발삼나무를 통해 많은 수익을 얻었다. 삭개오도 여리고의 세리장이었기 때문에 여리고에서 나오는 세금으로 상당한 부자가 될 수 있었다고 생각한다.

현재 이스라엘은 샘이 없는 광야에도 상수원을 연결하여 나무를 키우고 있다. 특히 종려나무는 적은 양의 물로도 잘 자라나서 이스라엘 종려나무 농장에서는 종려나무에서 생산된 대추야자 열매인 타마르로 많은 이익을 얻고 있다.

3. 이스라엘 땅의 크기

이스라엘 땅의 크기는 남한의 4분의 1, 전체 한반도의 10분의

1밖에 안 된다. 땅의 모양은 아래와 위에서 잡아당긴 것 같은 다이아몬드 모양으로 쭉 늘어난 형태다. 남북으로 한 500km, 부산에서 개성까지의 거리지만, 폭은 120km, 좁은 곳은 30km밖에 되지 않는다.

이스라엘은 매우 작은 나라이다. 겨울에 날씨가 좋을 때는 유다 산지나 사마리아 산지, 그리심산이나 에발산에 올라가면 동쪽으로는 요단강을 서쪽으로는 지중해를 동시에 볼 수 있다.

4. 이스라엘 도로

우리는 타바 국경에서 여리고로 '90번 도로'를 타고 올라갔다. 90번 도로는 '엘라'에서 '사해'를 지나고 '요르단'을 관통하고 '갈릴리 호수'를 지나 '헬몬'까지 연결되어 있다.

남북도로는 짝수 도로이다. 예를 들어 이 '90번 도로'와 지중해에 있는 '2번, 4번, 6번 도로'이다. 남북으로 연결된 '족장의 길'도 '헤브론', '예루살렘', '실로', '세겜', '사마리아', '나사렛'까지 연결된 '60번 도로' 짝수이다.

동서 도로는 홀수 도로이다. 예를 들어 여리고에서 텔아비브까지 처음으로 연결된 동서 도로는 '1번 도로'이다.

5. 이스라엘 주변의 나라들과 바다들

이스라엘은 4개 국가와 4개의 바다로 둘러싸여 있다. 이스라엘은 레바논, 시리아, 요르단, 이집트 이렇게 4개의 나라와 국경을 맞대고 있다. 이스라엘이 레바논과 시리아와는 아직 평화협정이 이루어지지 않아 국경이 막혀 있다. 요르단 지역은 구약시대의 에돔과 모압과 암몬 족속들이 살던 땅이었고, 강이나 협곡을 통해 분리되었다. 사해 끝부분의 세렛강이 모압과 에돔의 경계였고, 사해 중간의 아르논 강이 모압과 암몬의 경계였고, 아르논 강부터 얍복강까지의 땅에서 암몬 족속이 살았다.

이스라엘은 또한 지중해, 홍해, 사해, 갈릴리 바다, 이렇게 4개의 바다에 둘러싸여 있다.

이스라엘 서쪽의 '지중해'는 '땅의 중앙에 있는 바다'라는 뜻이다. 로마가 제국화 되었을 때 지중해를 중심으로 해서 유럽과 중동과 북아프리카를 차지하며, 가운데 있는 바다를 '지중해'라 불렀다.

이스라엘과 요르단 사이로 흐르는 사해는 넓이가 15~20km이고, 길이가 70~80km 정도가 된다. 사해 바다는 일반 바다의 염도보다 10배 이상 높은 염도를 가지고 있어서 수영 못 하는 사람도 물에 뜬다.

사해에서 직선거리로 130~140km 정도 올라가면 갈릴리 바다가 있다. 갈릴리 바다는 둘레가 대략 55km, 가로가 20km, 세로가 12, 13km 정도가 된다.

6. 이스라엘의 기후

우리가 이스라엘에 도착한 3월 1일에 이스라엘 온도는 섭씨 27~28°로 벌써 거의 초여름 정도의 뜨거운 날씨였다. 우리가 가기 두 주 전만 해도 비가 왔고 비가 올 때는 상당히 기온이 심하게 떨어졌다고 한다. 2월 말과 3월 초는 이스라엘에서 유월절 전에 늦은 비가 내리는 우기의 마지막 시점이다.

이스라엘은 우기와 건기, 언제 방문하느냐에 따라 다른 자연환경을 볼 수 있다. 24년 전 처음으로 이스라엘을 방문했을 때는 6월로 건기였고, 꽃과 풀은 찾아보기 힘들었고 메말랐지만, 이번에는 3월이라서 예쁜 꽃들과 푸릇푸릇한 들판들도 많이 볼 수 있어 신기했다.

이스라엘의 우기는 이른 비가 오는 10월 초막절쯤 - 유대력으로는 7월 1일 나팔절, 7월 10일 대속죄일 지나 7월 15일부터 7일 동안 초막절이다. - 시작되어 늦은 비가 오는 3월에 끝난다.

10월 초막절쯤 시작된 비는 10월과 11월, 두 달 동안 이른 비로 간간이 내린다. 12월에서 1월도 우기로 가장 많은 비가 내려 1시간 폭우로 홍수가 나기도 한다. 12월 1월이 겨울이긴 하나 영상 5도 이상 유지하기 때문에 눈은 거의 보기가 어렵다.

7. 이스라엘의 나무

종려나무

이집트에서 이스라엘로 국경을 건너온 후 수많은 종려나무 나무들이 자주 보였다. 이스라엘 남쪽은 광야 지역이지만 이런 종려나무들이 아주 많다. 완전히 성장한 종려나무에 열리는 대추 열매를 '타마르'라고 부르는데 강한 당도가 있다. 이런 사막 지역에서 종려나무 농장들을 만들 수 있었던 것은 상수도원을 갖다 대어 인공적인 환경을 만들었기 때문이고, 종려나무가 작은 양의 물을 가지고도 잘 자라기 때문이다.

싯딤나무

자연적인 상태에서 이스라엘 남쪽 광야에서 많이 볼 수 있는 나무는 '싯딤나무'이다. 싯딤나무는 모세가 만들었던 법궤의 재료도 되었다. 법궤의 재료로 이렇게 작고 볼품없는 나무가 사용되었던 이유는 사막에서 쉽게 구할 수 있었기 때문이었다.

남쪽 광야 지역들에선 다양한 나무를 찾아보기 힘들지만, 이스르엘 산지가 있는 사마리아 지역 위쪽으로는 자연적인 상태에 나무숲들도 많이 있다.

8. 이스라엘의 인구

이스라엘은 1948년도 5월 14일에 독립을 했다. 그 당시에는 이스라엘에 사는 유대인은 40~50만 정도밖에 되지 않았다. 그들은 1800년대 중반부터 시오니즘 운동을 통하여서 5차까지의 알리야를 통해 정착한 유대인들이었다.

본격적으로 유대인들이 이스라엘에 정착하게 된 것은 2차 세계대전 때 히틀러를 통하여서 600만의 유대인들이 학살당하고 난 후, 국제기구를 통하여서 국가가 형성되고 난 후였다.

1948년 5월 14일 이후 75년의 세월이 흘렀고, 이스라엘 독립 당시 40~50만 정도에 불과했던 유대인들이 현재는 약 650만 명 정도에 이르고 있다.

현재 이스라엘의 전체 인구는 약 950만 명이다. 약 950만의 이스라엘 인구 중 650만 명 정도의 인구가 유대 혈통을 가지고 있는 사람들이고, 650만 외에 200만 정도가 아랍인 이스라엘이고, 나머지 한 50만 정도가 소수민족으로서 아랍계 유목민인 베두인족이다. 베두인들은 판자촌 같은 집을 짓고 유목 생활을 하며, 양들을 데리고 이동한다. 나머지 20~30만 정도가 갈멜산이나 헬몬산 아래에 사는 드루즈족이다.

9. 이스라엘의 언어

현재 이스라엘에서 유대인들이 사용되는 언어는 '히브리어'이다. 고대 성경에서 사용되었던 히브리어를 "벤 예오다"라고 하는 사람이 현대 히브리어를 살려내었다. 고대 히브리어와 별 차이가 거의 없는 '현대 히브리어'와 '아랍어'와 '영어'가 공식 언어이긴 하지만 '알리아'를 통해서 전 세계에 많은 유대인이 이스라엘로 왔기 때문에 다양한 언어가 사용된다.

예를 들면 1980년 후반기에 구소련이 붕괴하여지면서 러시아계 유대인 "아슈케나짐" 약 150만 명이 알리야를 통해서 이스라엘 땅으로 들어와서 거의 지금 지중해 쪽에 있다.

1980년대에 솔로몬 작전과 모세 작전을 통해 에티오피아에서 온 약 100만 정도의 유대인들도 있다.

'미즈라힘'이라 불리는 중동지역에 살던 유대인들도 있다. 미즈라힘 중 중국 신임에 있던 유대인들도 수천 명이 돌아왔는데 납달리 지파의 자손으로 여겨진다.

남유다 계통의 '세파라딤'들도 계속해서 이스라엘로 들어오고 있다. 세파라딤은 예레미야와 함께 이집트로 갔던 유대인들이 북아프리카로 확산하여 지중해를 통해 스페인과 포르투갈로 간 사람들을 지칭하는 말로, 남유다의 계통의 유대인들이다.

에디오피아 계통은 흑인들, 미즈라힘들은 아랍인들과 비슷하게 생겼고, 러시아 계통의 '아슈케나짐'은 백인들이다.

10. 이스라엘의 물가

이스라엘은 작은 국가이지만 약 3만 5천에서 4만 불 정도의 국민 소득을 가지고 있다. 하지만, 부의 차이가 심하여 살아가는데 쉽지 않은 곳이다. 이스라엘의 '텔아비브'가 런던과 뉴욕보다 물가가 높아 순위 1위로 선정되었다.

이스라엘은 '세켈'이라는 화폐단위를 사용한다. 옛날 고대의 '세켈'은 화폐단위가 아니고 무게 단위였다. 고대에 무게 단위였던 '셰켈'이 현재는 화폐단위로 사용되고 있다.

가장 가치가 높은 화폐단위가 200세켈이다. 보통 '1세켈'이 한국 돈으로 '약 370원' 정도 된다. 쉽게 계산하려면 곱하기 400을 하면 된다. 커피 한 잔이 보통 15 세겔이니 한국 돈으로 6천 원 정도 된다.

  중간 단위에 10세켈, 50세켈, 20세켈의 지폐가 있고, 10세켈, 5세켈, 2세켈. 1세켈의 동전이 있다. 그 밑의 단위가 '10 아고라'이다. 10 아고라가 10개 모이면 1세켈이다. 10세켈이면 3,500원 정도로 계산하면 된다.

  타바 국경에서 여리고로 올라가는 버스에서 가이드가 들려준 이스라엘의 이러저러한 이야기들이 이스라엘 전반적인 이해에 큰 도움이 되었다. 구약과 신약시대에 살았던 사람들과 시대이해와 더불어 현대 이스라엘도 이해하고 싶었던 나에게 하나님이 참 좋은 가이드를 보내주셔서 감사하다.

3장

이스라엘
예루살렘

약속의 땅을
향하여

모든 것을 쏟은 사랑, "비아 돌로로사(Via Dolorosa)"

이향우

　예루살렘에서의 두 번째 날이 밝았다. 우리 일행은 이른 새벽 4시 30분경에 길을 나섰다. 우리가 이렇게 새벽에 길을 나서는 이유가 있다. 첫 번째 이유는 예수님께서 빌라도 법정에서 재판을 받은 시간이 새벽 시간이기 때문이다. 그리고 두 번째 이유는 날이 밝으면 그곳이 삶의 터전인 상가들이 문을 열어서 많은 사람으로 혼잡하기 때문이다. 그래서 우리는 한가한 이 시간에 각자에게 주어진 십자가를 지고 그 길을 걷는 체험을 선택한 것이다. 우리는 이 길을 걸으면서 예수님께서 어떤 마음으로 이 길을 걸으셨을지 생각하며 마음 깊숙이 새겨보자.

　성지 순례를 처음 경험하는 나에게는 예수님의 십자가의 길이 설레며 기대가 되었다. 하지만, 연일 계속되는 강행군으로 몸이 무거웠다. 더구나 새벽에 출발해야 하기에 더 힘들었다. 사실 어디가 어디인지도 모르고 앞 사람 등만 보고 걸어갔다. 그런 가운데 우리는 예수님께서 우리를 위해 "모든 것을 쏟은 사랑의 길" 입구인 예루살렘 성문(城門)에 다다랐다.

예루살렘 성(成)의 문은 총 8개가 있다. '분문', '시온문', '욥바문', '새문', '다메섹문', '헤롯문', '사자문(양문)', '동문(황금문, 미문)'이다. 그 문(門)중에서 우리는 다메섹 문으로 들어갔다. '십자가의 길'(Via Dolorosa)은 총 14개 처소로 이루어졌다. 우리는 이 길을 성광교회 김동운 목사의 인도로 한 처소 한 처소를 지나면서 우리를 향한 예수님의 고된 사랑의 흔적을 그대로 경험한 것이다. 2천 년이 훨씬 지난 지금 내가 바로 이 길을 걷는다. 정말 꿈만 같은 일이다. 이 새벽에 14개 처소를 지나면서 예수님의 사랑과 예수님을 향한 생각, 마음에 큰 변화가 있기를 기대한다.

자! 그럼 이제 우리 함께 이 길을 걸어가 볼까요?

새벽 십자가의 길(Via Dolorosa)을 걸으면서……

우리 일행은 예루살렘 성(城)문 8개의 문중에서 다메섹 문으로 들어갔다. 예루살렘 성을 순례하는 사람들이 가장 많이 드나드는 문이 다메섹 문이라고 한다. 그 이유는 예루살렘 성을 둘러싼 8개의 문 중에서 가장 아름답기 때문이라고 한다. 가로등 불빛에 비쳐서 그런지 다메섹 문은 더 아름답게 보였다. 그래서 너나 할 것 없이 사진찍기에 바빴다. 그래서 일행의 행렬에서 잠깐 벗어나기도 했다. 다메섹문은 예루살렘 성의 북쪽이고, 수리아(시리아)의 수도 다메섹으로 가는 길이라고 한다. 또한, 이 문을 통해서 세겜으로 갈 수 있어서 세겜문(Shechem Gate) 이라고도 부른다.

1 처소: 빌라도 법정

다메섹 문을 지나서 우리가 제일 먼저 도착한 곳은 2천년 전 예수님께서 사형선고를 받은 빌라도 법정이다. 이 처소 현판에는 요한복음 19:13 말씀이 쓰여있다. "빌라도가 이 말을 듣고 예수를 끌고 나가서 돌을 깐 뜰(히브리말로 가바다)에 있는 재판석에 앉아 있더라"

현재 이곳은 아랍 초등학교가 세워져 있어서 아무나 들어갈 수가 없다고 한다. 하지만, 매주 금요일이 되면 이곳에서부터 예수님의 십자가의 길 재현을 시작한다고 한다.

아쉽게도 우리는 이날 굳게 닫힌 빌라도 법정 문만 볼 수 있었다. 그래서 우리는 성광교회 김동운 목사의 인도로 그 문 앞에서 본디와 빌라도의 재판 과정의 말씀을 묵상하고 찬송을 불렀다. 그리고 잠시 침묵 가운데 예수 그리스도가 십자가에 못 박히게 넘겨지게 된 것을 묵상했다. 아무 죄가 없으신 예수님이 우리를 구원하시기 위해, 온 인류를 구원하시기 위해, 모든 피조물을 구원하시기 위해 본디오 빌라도의 재판으로 십자가형이 확정된 것이 억울하게 느껴졌다.

마가복음 15:6-15
"명절이 되면 백성들이 요구하는 대로 죄수 한 사람을 놓아주는 전례가 있더니, 민란을 꾸미고 그 민란 중에 살인하고 체포된 자 중에 바라바라 하는 자가 있는지라, 무리가 나아가서 전례대로 하여 주기를 요구한대, 빌라도가 대답하여 이르되 너희는 내가 유대인의 왕을 너희에게 놓아주기를 원하느냐 하니, 이는 그가 대제사장들이 시기로 예수를 넘겨준 줄 앎이러라, 그러나 대제사장들이 무리를 충동하여 도리어 바라바를 놓아 달라 하게 하니, 빌라도가 또 대답하여 이르되 그러면 너희가 유대인의 왕이라 하는 이를 내가 어떻게 하랴, 그들이 다시 소리 지르되 그를 십자가에 못 박게 하소서, 빌라도가 이르되 어찜이냐 무슨 악한 일을 하였느냐 하니 더욱 소리 지르되 십자가에 못 박게 하소서 하는지라, 빌라도가 무리에게 만족을 주고자 하여 바라바는 놓아 주고 예수는 채찍질하고 십자가에 못 박히게 넘겨 주니라."

2 처소 : 채찍교회, 선고교회, 예수님을 희롱 한 곳

 빌라도 법정 맞은편에는 바로 예수님께서 채찍을 당하시고, 십자가를 지시고, 골고다를 향해 출발했던 2 처소가 있다. 그곳에는 예수님께서 채찍을 맞으셨다던 채찍교회가 있고, 예수님께서 십자가형을 선고받은 선고교회가 있다고 한다. 하지만 아쉽게도 우리는 이 두 교회를 볼 수가 없었다. 단지, 가이드 선교사님의 말씀에 의지해야 했다. 들어가서 직접 볼 수 없었던 것이 아쉬움으로 남는다. 다음에 기회가 주어진다면 반드시 들어가서 온몸과 마음으로 확인하고 싶다.

마가복음 15:16-20

"군인들이 예수를 끌고 브라이도리온이라는 뜰 안으로 들어가서 온 군대를 모으고, 예수에게 자색 옷을 입히고 가시관을 엮어 씌우고, 경례하여 이르되 유대인의 왕이여 평안할지어다 하고, 갈대로 그의 머리를 치며 침을 뱉으며 꿇어 절하더라, 희롱을 다 한 후 자색 옷을 벗기고 도로 그의 옷을 입히고 십자가에 못 박으려고 끌고 나가니라."

3 처소: 예수님이 십자가를 지고 처음으로 쓰러진 곳

우리는 다시 발길을 옮겼다. 그리고 어느 지점에서 가이드 선교사님이 바닥을 보라고 했다. 그 당시에는 바위로 길을 포장했었는데, 그 바위가 길에 일부분 그대로 남아 보존되어 있었다. 그곳이 바로 예수님이 십자가를 지고 가시다가 기력이 없어 처음으로 쓰러진 곳이다. 예수님이 쓰러지셨던 바위길 위에 서 있으니 마음이 울컥했다.

십자가는 맨몸으로 져도 무겁고 힘들다. 하지만 예수님은 지하 깊은 감옥에서 이미 기력이 쇠하여 졌을 것이다. 그리고 빌라도 법정에서 채찍으로 맞고, 고문을 당하고, 가시 면류관을 쓰시면서 기력이 거의 바닥이 났을 것이다.

그런데도 예수님은 그 무거운 십자가를 지고 골고다 언덕을 향해서 올라가셨다. 그 길이 얼마나 힘들었겠는가! 생각만 해도 마음이 아려왔다. 그 순간 나의 십자가 무게를 생각했다. 내 십자가가 예수님이 지셨던 것처럼, 한계에 다다른 십자가인가를 생각했다. 그런데 결론은 "그렇지 않다"이다. 예수님의 십자가의 무게에 비하면 나의 십자가는 아주 가벼운 것이었다. 하지만 이 가벼운 십자가에도 힘들어하는 나의 모습이 보였다. 그래서 주님께 기도하고 다짐했다. '주님이 가신 이 길을 걸으면서 나의 마음을 다잡고 새 힘을 얻어 다시 일어서서 걷자고, 걸어보자고 다짐했다.'

4 처소: 어머니 마리아와 예수님이 만난 곳

그러는 중에 어느새 우리 일행은 4 처소에 도착해 있었다. 이곳은 예수님이 십자가를 지고 가시다가 어머니 마리아를 만난 곳이다. 한번 생각해보라! 내가 가장 힘들고, 어렵고, 모든 것을 포기하고 싶을 때, 누가 가장 떠오르는가? 그때 그 사람을 만나면 어떤 마음이겠는가? 우리는 대부분 어머니를 떠올린다. 아마 예수님도 그렇지 않았을까! 그런

어머니를 만났을 때, 십자가를 지고 있는 예수님의 마음은 어떠했겠는가?

여담(餘談)을 하나 해보면, 내가 어렸을 때, 대부분의 이 땅의 가정들이 경제적으로 어려웠다. 그래서 이 땅의 많은 딸은 일반 고등학교에 진학하지 못했다. 그러므로 낮에는 공장에서 일하고, 밤에는 학교에서 공부하는 야간학교를 다녔다. 우리 누나도 그랬다. 그래서 명절 때 집에 오면 어머니랑 누나가 서로 부둥켜안고 발을 동동거리면서 한동안 말없이 울기만 했었던 기억이 난다. 또 한 가지 이야기를 해보면, 남자들은 군대에서 훈련을 받고 첫 휴가를 받아 집에 오면 어머니를 보자마자 부둥켜안고 눈물을 흘린다. 그리고 여성들은 출산을 경험할 때 그렇다고들 한다.

우리네 삶의 자리도 이런데, 예수님은 그 모진 고초를 당하시고, 그 무거운 십자가를 지고, 쓰러지고 다시 일어나 걸으면서 어머니를 만났을 때, 얼마나 마음이 아프고 어머니를 부둥켜안고 울고 싶었겠는가? 또한 어머니 마리아의 마음은 어떠했겠는가? 사실, 나는 자식이 조금만 아프고 열이 나면 병원 응급실로 달려갔었다. 그런데 그러지 못한 마리아의 마음은 어떠했겠는가? 도저히 이 길은 가슴을 쥐어짜는 눈물 없이 걸을 수 없는 길이다. 그런 길을 예수님은 걸으셨다. 그리고 지금 내가 그 길 위에 서 있다.

5 처소: 구레네 사람 시몬 (Simon of Cyrene)이 십자가를 같이 진 곳

이 처소는 로마 군인이 안식일에 예루살렘으로 올라온 구레네 사람 시몬에게 억지로 같이 십자가를 지게 한 처소이다.

> **마가복음 15:21**
> "마침 알렉산더와 루포의 아버지인 구레네 사람 시몬이 시골로부터 와서 지나가는데 그들이 그를 억지로 같이 가게 하여 예수의 십자가를 지우고"

예수님의 제자들은 다 어디 가고, 예수님을 전혀 알지 못하는 구레네 사람 시몬이 예수님의 십자가를 함께 지게 하신 이유가 무엇일까? 하나님의 일은 우리가 알 수가 없다. 결과적으로는 예수님을 알지 못했던 구레네 사람 시몬은 이 일로 인하여 예수 그리스도를 믿고 복음의 사역을 감당하는 사람이 되었다. 그리고 예수님의 제자들은 죄책감과 미안한 마음에서인지 후에 예수 그리스도의 복음을 전하다가 모두 순교했다. 그러면서 예수 그리스도의 복음이 온 세상에 전해지게 되었다. 이 또한 하나님의 섭리가 아니고 무엇이겠는가? 하나님은 당신이 지으신 모든 만물을 이용하여 하나님의 뜻을 이루어 가신다는 것을 다시 한 번 깨닫게 되었다.

그리고 이곳에는 "예수님 손바닥 바위"를 보존하고 있다. 예수님이 십자가를 지고 가시다가 너무 힘들고 지쳐서 손을 짚었다던 바위에 손바닥 모양으로 파여있다. 나도 그 손길을 느껴보고자 내 손바닥을 거기에 대 보았다. 예수님의 손을 잡은 느낌이었다.

6 처소: 베로니카 여인이 물수건으로 예수님의 얼굴을 닦아 준 곳

6 처소까지 가는 데는 조금 가파른 오르막길이다. 이 아침에 나는 빈 몸으로 여기를 오르는데도 숨이 차올라서 숨을 몰아쉬었다. 그런데 지치고 상한 몸으로 예수님은 어떻게 십자가를 지시고 이 오르막길을 오르셨을까? 생각만 해도 눈시울이 적셔진다. 그렇게 힘들게 피와 땀을 흘리며 올라오시는 예수님을 보고, 예루살렘의 한 여인인 베로니

카가 물수건으로 예수님의 얼굴에 흐르는 피와 땀을 이 처소에서 닦아 주었다고 한다. 우리도 하나님의 일을 하면서 알게 모르게 이렇게 돕는 손길을 경험했던 은혜가 떠오르는 순간이었다.

7 처소: 예수님이 두 번째로 쓰러진 곳

7 처소까지 오르는데 나는 아무것도 들지 않고 그냥 천천히 걸었는데도 불구하고 이제 숨이 턱까지 차올랐다. 그런데 예수님은 그 무거운 십자가를 지시고 여기까지 터벅터벅 한 걸음 한 걸음 오르셨다. 그 무거운 십자가를 지시고 가파른 언덕길을 오르셨으니 어찌 쓰러지지 않을 수 있겠는가? 예수님은 이 처소에서 십자가의 무게를 못 이기고 다시 한번 쓰러지셨다고 한다. 우리도 한 번 쓰러지고 넘어지면 일어나기가 힘들다. 모든 것을 버리고 한참을 그대로 주저앉아 있어야 겨우 일어날 힘이 생긴다. 하지만 예수님은 그렇게 할 수가 없었을 것이다. 그러니 이 길이 얼마나 외롭고 힘든 길인가를 다시 한번 나에게 상기시켰다,

8 처소: 예수님이 예루살렘의 딸들에게 말씀하신 곳

8 처소에는 동그란 돌판에 십자가 위아래에 글씨를 파 놓은 돌이 벽에 박혀 있다. 십자가를 사이에 두고 윗부분에는 IC와 XC 글씨가 파여있다. 그리고 아랫부분에는 NI와 KA 글씨가 파여있다. 이 글의 뜻은 "예수 그리스도가 승리하셨다"라고 한다.

이 처소에서 예수님은 자신을 뒤따라오는 여인들을 향해 "나를 위하여 울지 말고 너희와 너희 자녀를 위하여 울라"라고 말씀하시기 위해서 잠시 멈추셨다고 한다.

누가복음 23:27-31

"또 백성과 및 그를 위하여 가슴을 치며 슬피 우는 자의 큰 무리가 따라오는지라. 예수께서 돌이켜 그들을 향하여 이르시되 예루살렘의 딸들아 나를 위하여 울지 말고 너희와 너희 자녀를 위하여 울라. 보라 날이 이르면 사람이 말하기를 잉태하지 못하는 이와 해산하지 못한 배와 먹이지 못한 젖이 복이 있다 하리라. 그때에 사람이 산들을 대하여 우리 위에 무너지라 하며 작은 산들을 대하여 우리를 덮으라 하리라. 푸른 나무에도 이같이 하거든 마른 나무에는 어떻게 되리요 하시니라"

9 처소: 예수님이 세 번째로 쓰러진 곳

8 처소에서 9 처소까지 가는 길은 상가들이 즐비하여 많이 복잡했다. 시내 번화가를 연상하게 했다. 8 처소와 9 처소 사이는 바로 연결이 안 되고 막혀 있었다. 그래서 우리는 올라갔던 길을 다시 내려와서 길을 돌아가야 했다. 그렇게 한참을 돌아 나와 9 처소에 도착했다.

이 처소에서 예수님은 또다시 십자가의 무게를 못 이기고 세 번째 쓰러지셨다. 이곳에는 대형 십자가가 놓여 있었다. 십자가를 짊어질 수 있도록 체험을 할 수 있게 해 놓았다. 한 번 들어 보려고 했지만 무거워서 나는 포기했다. 그리고 이곳에는 무덤교회로 향하는 통로가 있다. 이 통로 안에는 에티오피아 교회 예배처와 콥틱교회 예배처가 있다. 이곳을 지나면 예수님의 무덤교회가 있다.

이제 10 처소, 11 처소, 12 처소, 13 처소, 14 처소는 예수님의 무덤교회 안에 있다. 여기까지 올라오니 어느새 날이 밝아 있었다. 이곳에서 우리 일행은 기념사진을 찍고,

김동운 목사의 인도로 말씀과 찬송, 그리고 묵상 시간을 가지고 교회 안으로 들어갔다.

누가복음 15:33-43

"해골이라 하는 곳에 이르러 거기서 예수를 십자가에 못 박고 두 행악자도 그렇게 하니 하나는 우편에, 하나는 좌편에 있더라. 이에 예수께서 이르시되 아버지 저들을 사하여 주옵소서 자기들이 하는 것을 알지 못함이니이다 하시더라 그들이 그의 옷을 나눠 제비 뽑을새. 백성은 서서 구경하는데 관리들은 비웃어 이르되 저가 남을 구원하였으니 만일 하나님이 택하신 자 그리스도이면 자신도 구원할지어다 하고. 군인들도 희롱하면서 나아와 신 포도주를 주며. 이르되 네가 만일 유대인의 왕이면 네가 너를 구원하라 하더라. 그의 위에 이는 유대인의 왕이라 쓴 패가 있더라. 달린 행악자 중 하나는 비방하여 이르되 네가 그리스도가 아니냐 너와 우리를 구원하라 하되. 하나는 그 사람을 꾸짖어 이르되 네가 동일한 정죄를 받고서도 하나님을 두려워하지 아니하느냐. 우리는 우리가 행한 일에 상당한 보응을 받는 것이니 이에 당연하거니와 이 사람이 행한 것은 옳지 않은 것이 없느니라 하고. 이르되 예수여 당신의 나라에 임하실 때에 나를 기억하소서 하니. 예수께서 이르시되 내가 진실로 네게 이르노니 오늘 네가 나와 함께 낙원에 있으리라 하시니라"

10 처소: 로마 군인들이 예수님의 옷을 벗긴 곳

10 처소는 무덤교회 입구 바로 옆에 있다. 이곳에서 로마 군인들이 예수님을 십자가에 못 박기 위해 옷을 벗겼다. 여기까지 십자가를 지고 올라오기까지 수치와 모멸감의 마음이었을 텐데, 이제 옷까지 벗기니 그 마음을 어찌 말로 다 할 수 있겠는가?

11 처소: 예수님이 십자가에 못 박히신 곳

드디어 무덤교회 안에 있는 11 처소에 들어왔다. 여기가 바로 골고다 언덕의 정상이다. 그리고 바로 이곳에서 예수님이 십자가에서 못 박히신 곳이다. 그리고 로마 군인들이 예수님의 옷을 취하여 제비뽑아 나눈 곳이다. 정면에는 예수님이 십자가에 누워계시고 손과 발에는 못이 박혀 있고, 로마 군인은 망치와 못을 들고 있으며, 한 여인은 예수님 무릎 곁에 엎드려 통곡하고 있는 성화가 있다. 인간의 몸으로 체험하는 최고의 고통의 순간이 바로 이곳이 아닐까 싶다. 이곳에서 예수님은 그렇게 온몸으로 그 힘한 고통을 다 받아내셨다.

요한복음 19:23-24

"군인들이 예수를 십자가에 못 박고 그의 옷을 취하여 네 깃에 나눠 각각 한 깃씩 얻고 속옷도 취하니 이 속옷은 호지 아니하고 위에서부터 통으로 짠 것이라. 군인들이 서로 말하되 이것을 찢지 말고 누가 얻나 제비 뽑자 하니 이는 성경에 그들이 내 옷을 나누고 내 옷을 제비 뽑나이다 한 것을 응하게 하려 함이러라 군인들은 이런 일을 하고."

12 처소: 예수님이 십자가에 달려 돌아가신 곳

이곳은 예수님의 손과 발을 못 박아 매단 십자가가 선 곳이다. 그리고 예수님을 십자가에 못 박은 11 처소 바로 옆에 있다. 이곳에는 골고다 언덕이라는 것을 증명하는 바위를 볼 수 있도록 바위를 유리관으로 보존하고 있다.

예수님을 매단 십자가를 세웠던 바닥에는 금속별로 표시해 놓았다. 그리고 많은 사람이 그곳에 손을 얹고 기도했다. 그래서 우리 일행도 줄을 서서 기다렸다가 차례대로 무릎을 꿇고 그곳에 손을 얹고 잠시 묵상을 했다. 그 짧은 시간에 가슴 깊은 곳에서 무언가 올라오는 것을 느낄 수가 있었다. 모든 것을 쏟은 예수님의 사랑에 감격하여 어느새 뜨거운 눈물이 흐르고 있었다.

13 처소: 예수님의 시신을 놓았던 곳

  그곳에서 옆 계단을 타고 아래로 내려오면 판판하고 넓은 돌판이 있다. 이곳에서 아리마대 요셉이 예수님의 시신을 내려놓고 장례를 준비한 곳이다. 예수님의 시체를 닦고 향품을 바르고 세마포를 싸서 장례를 준비한 곳이다. 그래서 이곳에는 그것을 기념하여 늘 향유를 뿌려 놓는다고 한다. 그런데 순례자들이 이곳에 손을 얹고, 얼굴을 대고 통곡하며 기도를 하는 것이었다. 그래서 나도 그들을 따라서 그곳에 손을 얹고 기도를 했다. 그 순간 온몸에 흐르는 전율을 느꼈다. 주님의 손길을 경험한 순간이었다.

요한복음 19:38-40
"아리마대 사람 요셉은 예수의 제자이나 유대인이 두려워 그것을 숨기더니 이 일 후에 빌라도에게 예수의 시체를 가져가기를 구하매 빌라도가 허락하는지라 이에 가서 예수의 시체를 가져가니라. 일찍이 예수께 밤에 찾아왔던 니고데모도 몰약과 침향 섞은 것을 백 리트라쯤 가지고 온지라. 이에 예수의 시체를 가져다가 유대인의 장례 법대로 그 향품과 함께 세마포로 쌌더라"

14 처소: 예수님이 묻힌 곳

이제 십자가의 길(Via Dolorosa)의 마지막 14 처소이다. 이곳에 예수님께서 묻히신 빈 돌무덤이 있는 곳이다. 이곳에 예수님 시대의 돌무덤이 그대로 보존되어 있다. 우리는 빈 무덤을 순식간에 보고 나왔다. 하지만, 마음의 여운은 그대로 남아있다. 그 무덤이 빈 무덤이 아니라, 예수님이 부활하지 않고, 그의 시체가 그대로 보존되어 있었다면, 우리가 굳이 그곳에 갈 일은 없었을 것이다. 하지만 그곳이 예수님의 부활로 인해 빈 무덤이 되었기에 그곳을 찾아 예수님이 걸었던 길을 묵상 하고, 따르는 것 아니겠는가?

요한복음 19:41-42

"예수께서 십자가에 못 박히신 곳에 동산이 있고 동산 안에 아직 사람을 장사한 일이 없는 새 무덤이 있는지라. 이날은 유대인의 준비일이요 또 무덤이 가까운 고로 예수를 거기 두니라"

예루살렘 성안에 있는 십자가의 길(Via Dolorosa)은 현재 그곳에서 생활하는 사람들의 삶의 자리이다. 그리고 많은 사람이 그곳을 찾아 십자가 체험을 한다. 우리도 마찬가지로 14개 처소를 걸으면서 예수님의 고난의 현장을 실제로 느끼며 묵상했다. 그러면서 나의 신앙의 여정과 인생의 여정을 다시 한번 점검하는 계기가 되었다. 예루살렘 성에서 모든 것을 쏟은 예수님의 사랑을 경험하게 하신 주님께 감사를 올려 드린다. 사랑하는 당신도 이 사랑에 초대합니다.

역사와 종교가 만나는 곳! 예루살렘 통곡의 벽

정인균

　통곡의 벽은 솔로몬 왕이 세운 예루살렘의 성전이 있던 곳이다. 바빌론에 의해 공격당해 성전이 파괴되었다. 유대인들이 바빌론으로 끌려가면서 유대인들의 수난사가 시작되었다. 이후 스룹바벨이 성전을 재건하고 헤롯왕이 증축했다. 헤롯 1세가 죽은 뒤에 로마제국은 베스파시아누스가 황제에 등극하고, 장남 티투스를 앞세워 유대 열심 당원의 본거지인 예루살렘을 공략했다. AD 70년 8월 예루살렘은 초토화되고 파괴되어 서쪽 벽만 남았다. 최소 100만 명이 이곳에서 죽었다고 랍비 요셉은 말한다. 티투스 장군은 본인이 이곳을 점령하였던 것을 기념하기 위해 유일하게 남겨놓았다. 점령 후에 이곳의 명칭을 예루살렘이 아닌 팔레스타인으로 변경하고 지금까지 왔다고 한다.

예루살렘 통곡의 벽

　성전이 파괴된 것을 슬퍼하며 유대인들이 벽을 잡고 울며 기도했다는 것에서 유래되어 '통곡의 벽'으로 전해진다. 그러나 실제로 영어 표현을 보면 Western Wall, 즉 서쪽 벽이라는 의미이다. 가이드의 설명으로 성벽에 대해 더 자세히 알게 되었다. 시대별로 성벽이 증축되었다고 한다. 성벽은 현재의 높이에서 15m 정도 내려가야 된다. 지금은 15m 정도 올라와 있다고 한다. 현재 성벽은 8세기 움마야드 왕조시대에 증축되었고, 13세~16세기 무를 모습 왕조시대에 한 번 더 증축되었다. 1517년부터 다시 이슬람 세력인 오스만제국의 통치가 시작되었다. 19세기부터 성벽 밖에 유대인 거주지가 형성되고, 올드시티의 통곡의 벽이 재건되어 오늘의 구조를 갖췄다. 길이는 약 57m, 높이 약 19m의 벽이다. 현재의 벽은 로마에 의해 일부 무너진 후 이슬람 왕조들에 의해 보강되었다.

유대인들은 AD 312년에 '바르 코흐바'에 의한 반란을 일으켰다. 로마에 대항한 제 2차 반란으로 3년간 예루살렘을 정복했지만, 로마군이 거대한 산을 짓누르듯이 반격해 와서 이겨내지 못했다. 하드리안 황제가 진압하고 비극으로 끝나고 난 뒤에 유대인들을 괘씸죄로 다 추방했다. 이스라엘과 예루살렘 이름을 삭제하고, 유대인은 들어올 수 없게 했다. 유대인들은 이스라엘 땅에서 외국으로 쫓겨나서 '디아스포라"의 삶을 살기 시작했다. 유대인은 예루살렘에 들어가는 것이 금지되었다. 4세기에야 그들은 1년에 한 번 성전이 파괴된 날로 전하는 아법월 (유대력 5월) 9일에 허물어진 성전을 찾아가 성전의 소실과 나라의 멸망을 슬퍼하고 애통해하는 것이 허용되었다.

예루살렘은 1948년에는 이스라엘과 요르단으로 분할되면서 요르단에 속했다. 67년 제3차 중동전쟁에서 이스라엘이 구시가지를 점령하므로 통곡의 벽을 장악하였다. 1984년 이후부터 통곡의 벽에 자유롭게 들어가게 되었다고 한다. 통곡의 벽으로 들어갈 때는 모자를 쓰고 들어가야 한다. 모자가 없는 사람은 입구에 무료로 준비된 키파를 쓰고 들어간다. 통곡의 벽은 남자와 여자가 들어갈 수 있는 구역이 구분된다. 벽을 바라보고 왼쪽은 남자, 오른쪽은 여자 구역이다.

통곡의 벽 앞에서 월요일과 목요일에는 "발 미츠바"를 하는 모습을 볼 수 있다. 발 미츠바(Bar Mitzvah)는 "계명의 아들"이라는 뜻으로 유대인이 만 13살이 되었을 때 행하는 성년식이다. 결혼식과 함께 일생에서 가장 성스럽고 중요한 행사이다. 이 의식을 통해 성년이 됐음을 선언한다. 이때부터 구약성서에 수록된 613개의 계명을 지키는 책임을 갖게 된다. 성년식은 친척, 친지들이 모두 모인 가운데 행하는 중요한 행사이다. 성년식에서 모세 오경을 암송하는 아이들을 볼 수 있다.

통곡의 벽 앞에서 유대인들이 히브리어로 된 성경을 들고 소리 내어 읽었다. 간절한 몸짓과 기도 소리에 유대인의 사무치는 마음을 읽을 수 있었다. 밤낮 가리지 않고 간절함을 담아 소리 내어 울면서 기도하는 사람도 있다고 한다. 통곡의 벽 틈에는 염원을 적어놓은 기도문들이 빽빽하게 꽂혀있는 것을 볼 수 있다. 이곳을 다녀간 순례자들의 간절함이 서려 있음을 느껴 본다. '통곡의 벽'이 '화해의 벽', '평화의 벽"이 되기를 기원한다.

예루살렘 히스기야 왕의 터널 이야기

이영수

 예루살렘 성지순례 중 우리는 히스기야왕의 터널을 직접 몸으로 걸어서 체험해 보았다. 지금도 예루살렘 성지순례 여행 중 가슴에 큰 울림으로 남아있는 히스기야 왕의 위대한 업적 히스기야 터널을 소개하고자 한다.

히스기야 터널 입구

구약시대에는 예루살렘에 물을 공급하는 샘이 두 개가 있다. 기혼샘(Gihon Spring)은 그중의 하나다. 기온이 높고 강수량이 많지 않은 곳에 있었던 예루살렘 성으로서는 참으로 중요한 수원지다. 비도 많이 오지 않던 그 지역으로서는 물이 그만큼 소중하기 때문이다. 예루살렘 다윗성에 명물이 하나 있는데 바로 기혼샘에서 실로암 못을 연결하는 S자형 물길이다. 솔로몬이 기름부음을 받았던 기혼샘과 예수님이 눈먼 바디메오를 치료하신 실로암을 연결하는 지하터널이다.

왜 히스기야의 수로 터널(Hezekiah's WaterTunnel)을 만들었을까? 히스기야는 주전 716년에 유다의 왕에 올랐다. 당시는 앗시리아 제국이 중근동을 장악했을 때로서 주위 소국들에 대한 수탈과 침략으로 번영을 누렸다. 고대 시리아는 앗시리아에게 주전 732년에, 북이스라엘 왕국은 주전 722년에 정복당했다. 따라서 즉위했을 당시의 히스기야의 주 관심사는 어떻게 하면 유다가 제국과 맞서 생존할 수 있을지에 집중되었다.

히스기야는 다윗 왕이 주전 1,000년경에 수도로 정한 예루살렘에 거했다. 그 도시는 다윗이 점령하기 2천 년 전에 이미 시온산의 가파른 경사 위에 세워져 있었다. 시온산의 주위는 험난한 산과 언덕들로 둘러싸여 있는데다 시온산 자체도 동, 남, 서 세 방향으로는 깊은 절벽으로 주위 계곡과 분리되어 있었다. 이런 험준한 지세 위에 견고한 성벽으로 지어진 예루살렘이기에 가나안 족속이 "소경과 절뚝발이라도"(삼하5:6) 외적을 방어할 수 있다고 큰소리 칠만 했다. 이스라엘이 가나안 정복 시에 최후에 함락시켰다는 사실은 단순히 그것이 허풍이 아님을 입증했다.

히스기야 터널은 기혼샘에서 실로암 못을 연결하는 S자형 물길을 직접 사람들의 힘으로 그 터널을 완성하였다. 주전 701년쯤, 히스기야 왕은 앗시리아 왕 산헤립의 침공에 대비해 기혼샘에서 실로암에 이르는 터널을 만들었다. 기혼샘의 물을 실로암 못으로 끌어들임으로 적의 포위 시에도 물을 얻을 수가 있고 또 성 밖으로 난 기혼샘 입구를 봉쇄해 적으로부터의 물 강탈을 막았다. 터널이 왜 S자형인가? 이에 대한 설명 중의 하나는 터널이 다윗성에 있던 왕들의 무덤 밑을 지나는 것을 피하려고 S자형이 되었다고 한다.

히스기야 터널은 기혼샘의 물을 예루살렘 성읍 안으로 끌어들이기 위해 만들어진 인조 터널이다. 이 터널은 BC 6세기에 건조된 그리스의 유팔리오스(Tunnel of Euphalios) 터널과 함께 인류 고대사에 가장 위대한 수류 공법(The Greatest works of water engineering technology)으로 간주 된다. 그렇다면 당시의 지하 건축기술이 아주 뛰어났다는 것을 보여준다. 양방향에서 작업하던 사람들이 서로 만나게 됐다. 확인된 터널 안 폭은 60cm 정도로 사람이 지나기 적당하고, 대신 높이는 1.45m에서 5m에 이르는 높낮이로 굴곡이 있다.

성경이 말하는 히스기야 왕의 터널을 우리는 지금부터 3000년 전 예루살렘 사람들이 망치로 만들어놓은 터널 안으로 들어가서 보게 되는 놀라운 경험을 하게 되었다.

당시의 상황을 성경은 매우 짧은 구절로 말하고 있다. 역사적으로 매우 대단한 사건들이 있었다. 앗수르의 유다 침공 가운데 기혼샘의 물을 공급받아 생존하게 된 이야기는 열왕기하 20:20에 나온다. 생명줄처럼 귀한 기혼샘의 물줄기를 돌려 성안으로 끌어들인 것은 예루살렘 거민에게는 전쟁의 승기로 적군인 앗수르에게는 물줄기를 차단해 버리는 일석이조의 효과가 있다. 이어서 하나님의 천사가 손을 드니 성 밖에 있던 앗수르 군대 185,000명이 일거에 하룻밤에 죽임을 당한다(왕하 19:35). 이사야는 앞서서 말씀으로 산헤립의 죽음을 예언한다. (사 37:7) 대하 32:30 에 보면, "히스기야가 또 기혼의 윗 샘물을 막아 그 아래로 좇아 다윗성 서편으로 곧게 인도하였으니 저의 모든 일이 형통하였더라"라고 말한다.

지금과 같은 첨단 기술이 없던 시기에 양쪽에 암벽을 파고 들어가는 터널을 만들어 거의 오차 없이 양쪽이 만난다. 히스기야의 명령에 따라 유다의 공병대는 암벽을 뚫기 시작했다. 이는 다윗성 밖에 있던 기혼 샘 물줄기를 예루살렘 성안의 실로암으로 끌어 올리기 위해서이다. 굴의 폭은 60cm의 매우 좁은 공간으로 쾌쾌한 그을음과 돌가루 날리는 척박한 상황에서 청동제 도끼로 바위를 쪼개어 나가는 작업은 최악의 환경 가운데 이루어졌다. 그런데 이러한 작업이 예루살렘을 향해 진군하는 아수르 군대가 당도하기 전에 완성되어야 하는 시급함이 있었다. 지금의 공학으로도 설명하기 힘든 그

암벽을 매우 짧은 시간에 뚫게 되었다. 놀라운 것은 전체 길이 533m 가운데 지하터널의 기울기는 0.06%, 즉 양쪽의 고저 차이가 고작 32㎝에 불과하다고 하니 그 놀라운 토목공학의 기술에 놀란 입을 다물기 어렵다.

    히스기야 터널을 일행과 함께 걸으며 그 좁은 공간의 긴 터널의 완성은 성지순례자들의 마음을 사로잡을 만한 감동의 현장이 되었다.

하나님이 설계하신 히스기야 터널

손미숙

기혼샘에서 실로암 못까지

학생 때 성경을 자세히 배우기 전 김성일 장로님의 책을 흥미롭게 읽었고 책 속에서 추리하며 따라갔던 지명이어서 성지에 가면 정말 꼭 가보고 싶은 곳이었다. 이 터널은 BC 700년경 히스기야 시대에 기혼샘의 물을 성안으로 끌어들여서 앗수르왕 산헤립의 침략에 대비했던 인공터널로 석회석으로 된 산을 뚫어 533m의 지하 수로를 만들었다. 그리고 그 끝에 실로암 못을 만들었다. 영국의 대위 위렌이 1867년 히스기야 터널을 탐색하다가 기혼샘에서 수직으로 뚫려 있는 터널을 발견했다. 이 터널은 암벽을 뚫어 만든 지름 2m 정도의 원통형 수직 터널로 수면에서부터 13m 높이의 경사면 터널로 이어지다가 계단식 터널을 거쳐 위로 올라가게 되어있다. 위렌 수직 통로는 히스기야 터널로 들어가는 수직 계단이다.

　다윗이 시온성을 정복할 때 물을 성으로 끌어들이려 파놓은 이 샘의 수구를 이용하여 성을 정복했다.
　삼하 5:8 "그날에 다윗이 이르기를 누구든지 여부스 사람을 치거든 물 긷는데로 올라가서"
　성경을 읽을 때는 수구가 얼마나 크길래 그리로 군사가 들어갔을까? 도무지 짐작되지 않았는데 와서 보니 '아! 이런 거였구나' 감탄이 절로 나왔다. 백문이 불여일견이다.

　히스기야 터널은 곧게 파지 못하고 S자 형태로 팠는데 이는 다윗성에 있던 왕들의 무덤 밑을 지나는 것을 피하기 위함이었다는 설이 있다. 이 터널은 양쪽에서 파 들어왔는데 이 터널이 끝나기 약 6m 전에서 고대 히브리어로 쓰인 비문이 1880년에 발견되었다. 그 본체는 이스탄불 박물관에 있고 지금 여기에는 그 복사본이 있다. 이 비문에는 양쪽에서 서로의 정과 망치 소리를 들으면서 파내어오던 일꾼들이 서로 만났을 때 껴안고 연장을 서로 부딪치게 하며 기뻐했던 극적인 감격의 순간들이 기록되어 있다. 그 옛날에 정확한 지식도 없이 정과 망치와 도끼로 파 내려가고 또 작은 오차 범위 안에서 서로 만났다니 분명 하나님의 간섭하심이 있으셨으리라 믿는다.

　기혼샘의 위치는 해발 636m. 실로암 못의 높이는 634m. 겨우 2m의 고저 차를 유지해서 기혼샘의 물이 실로암 못까지 완만하게 흐르도록 한 것. 모두 놀라운 일이었다.

　우리는 많은 계단을 내려가서 여부스 사람들이 다윗 시대 전부터 이용했다는 석회동굴 아래로 내려갔다. 그리고는 발을 걷어 올리고 수로를 따라 걸었다. 흐르는 싱싱한 물을 밟으며 걷는다는 것. 물을 좋아하는 나에게는 정말 신나는 즐거운 시간이었다. 깜깜한 암반 사이의 물줄기를 따라 걷는데 한 사람이 걸을 정도로 좁은 공간이다. 함께 간 이들이 핸드폰 빛을 서로의 발에 비춰주었다. 물이 많은 곳은 좀 넓고 허벅지까지 찼다. 터널의 높이는 2m라고 하지만 어떤 곳은 너무 낮아서 "머리 조심!"하고 외치기도 하였다. 폐쇄공포증이 있는 사람은 들어가면 안되겠다. 30분 정도 걸으니 실로암 못이 나왔다. 물이 엄청 많을 걸로 생각했는데 공사 중이어서 풍성한 물은 볼 수 없어서 안타까웠지만 그래도 실로암 못을 상상하며 그 장소에서 젖은 옷을 짜며 일행을 기다렸다.

정과 망치와 도끼 등으로 어떻게 이런 큰 공사를 했는지 정말 대단하다. 히스기야도 훌륭하지만, 요한복음의 포도주 사건 때 나오는 종들처럼 이름도 없이 순종하여 일하며 이 큰 공사를 마무리한 주의 백성들의 수고에 박수를 보낸다. 오늘날도 교회 안에 생색내지 않고 조용히 수고하는 무리가 있다. 그들의 신앙이 항상 아름답고 보석처럼 귀하게 여겨진다. 그 아름다운 헌신들이 천국에서 해처럼 빛나리라 확신한다.

적에 대비해서 물들을 모두 막고 기혼 샘의 물을 성으로 끄집어들인 히스기야의 지혜, 하나님이 주셨을 그 지혜에 탄복하며 몸에 물기를 닦았다.

히스기야 터널은 이스라엘 백성들이 물을 얻을 수 있었던 좋은 방편이기도 했고 오늘날 우리 믿는 사람들에게 구약의 세계를 넘나들 수 있는 좋은 은혜의 장소이기도 하다. 또한 후손에게 관광 입장료를 얻어 부하게 하니 참 귀한 보물이기도 하다.

내가 믿나이다

실로암 하면 복음성가가 떠오른다. 그리고 요한복음 9장에 나오는 맹인이 생각난다. 맹인으로 태어난 사람을 보고 제자들이 그가 맹인으로 태어난 것이 누구의 죄인지를 물었을 때 주님은 그 사람이나 그 부모의 죄로 인한 것이 아니라 그에게서 하나님이 하시는 일을 나타내고자 하심이라고 하셨다 주님의 대답은 제자들의 생각 관점을 바꿔놓았을 것이고 장애가 있는 사람들에게는 그 말씀만으로도 큰 위로가 되었을 것 같다.

주님은 땅에 침을 뱉어 진흙을 이겨 시각장애인의 눈에 바르시고 실로암 못에 가서 씻으라고 하셨다. 맹인은 순종했고 밝은 눈으로 돌아왔다. 나중에 주님은 그를 다시 만나주셨고 그는 "주여 내가 믿나이다" 하며 믿음의 고백을 하기까지 성숙했다.

많은 사람이 찬양하는 실로암 못. 그 속에 이런 신앙고백이 있어 더욱 은혜스럽다. 앞으로 이 찬양을 할 때 나의 실로암은 더 생생하고 더 진실한 고백으로 이어질 것 같다.

코로나가 지나가고 교회 안에 많은 변화가 일어났다. 진짜 맹인이 누구인지 깊이 생각해본다. 교회가 신뢰를 잃었고, 어두운 세상을 비추는 빛이 아니라 욕을 먹는 비참한 시대에 사는 우리 크리스천들이 그리스도 안에서 영적인 눈을 뜨고 주님이 원하시는 진실한 삶을 살았으면 좋겠다. 우리 교회들이 실로암 못이 되어서 많은 영혼을 거듭나게 하고 또한 그들을 진실한 믿음으로 성숙시켰으면 좋겠다. 교인 한 사람 한 사람이 그리스도를 인격적으로 만나며 그 삶이 변화될 때 한국교회는 세상을 비추는 빛이 될 수 있을 것이다.

성령의 불꽃 마가의 다락방

손미숙

마가와 그 어머니

마가는 마가복음의 저자이다. 본명은 요한이다. 마가의 어머니 이름은 마리아다. 마리아는 부유하고 교회를 위해 헌신한 재력과 명망이 높았던 인물이다. 그녀의 집은 사회적으로 높은 지위를 가진 사람들이 거주하는 고급 주택지에 있었고 많은 수의 신자들이 모이는 집회 장소로 사용될 만큼 컸다. 그녀는 남편을 일찍 사별했고 구브로 출신 바나바는 그녀의 동생이다.

바나바는 땅을 팔아 예루살렘 교회의 재정적 지원에 힘썼던 사람이다. 또 바울을 세워주고 돕기도 했으며 바울의 1차 전도 여행 때는 조카 마가를 데리고 함께 동역하기도 했다.

주님을 사랑하고 주님을 위해 집을 내어주거나 소유를 팔아 교회를 섬긴 마가의 어머니나 바나바나 모두 성품이 좋은 가족인 것 같다. 내 것을 주장하지 않고 섬기기를 좋아하는 사람들. 그들의 아름다운 헌신 속에 교회가 태어났다.

마가의 다락방은 예루살렘 시온산에 있다. 우리가 본 현재 건물은 십자군 때 재건됐다. 1층엔 다윗왕의 가묘가 있었다. 진짜는 다른 왕들과 함께 다윗성에 안장된 것으로 추측된다. 1층은 유대교의 성지로 많은 유대인이 찾고 있고 2층은 기독교의 성지로 오늘 우리도 찾아온 것이다. 한 건물을 가지고 이렇게 종교가 다른 이들이 서로의 성지를 찾다니 이스라엘에만 있는 일인 것 같다. 성령강림을 모르는 저 유대인들이 다 주님을 만나고 변화되어 주님을 선포하는 자들이 되기를 빌어 본다.

성경에서 표현하는 다락방은 2층에 있는 방, 혹은 맨 위층에 있는 방을 의미한다. 우리가 본 다락방은 중앙의 중심 기둥들과 벽면 기둥들이 서로 아치를 이루며 높다란 천정을 받치고 있는 넓은 홀이었다. 많은 여행객이 함께 들어와서 보았다.

　어릴 적 시골교회에서 은혜받던 때 부흥회가 열리면 청마루 교회에 빽빽이 앉아 열심히 기도하며 찬송하며 은혜받곤 했다. 이스라엘 성지순례 전에는 마가의 다락방 부분을 읽을 때마다 '120명이 얼마나 좁게 앉아서 간절히 기도했을까? 힘들어도 참으면서 기다렸겠지?' 하는 상상을 했는데 와서 보니 다락방이란 게 우리의 것과는 전혀 달랐다. 주님이 예비해 놓으신 넓은 방이었다. 주님은 로마군에게 체포되기 전날 이곳에서 12명의 제자와 함께 유월절 만찬을 나누었다. 또한 이 유월절 만찬은 오늘날 우리의 성만찬의 기원이 되었다.

　이곳은 예수님이 승천하신 후 가룟 유다를 대신하여 맛디아를 뽑은 곳이며 120명의 성도가 다 함께 기도하며 기다리다 10일 후 오순절에 성령의 임재를 체험한 곳이다. 베드로 사도가 체포되었을 때 함께 모여 그를 위해 간절히 기도했던 곳이며 지상교회의 모체가 되는 초대교회가 탄생한 곳이다. 실로 놀라운 은혜의 장소다.

　이곳에 와서 서 있다는 사실 하나만으로도 감사가 밀려왔다. 오순절 성령강림은 우리에게도 너무 좋은 축복이다. 몸으로 계셨던 주님을 우리는 만날 수 없었는데 시공간을 초월해서 오신 성령님은 오늘 우리에게도 오실 수 있으니 얼마나 감사한지. 말씀을 깨닫게 하시고 순간마다 거룩한 임재로 만나주시니 더욱 감사하다.

고린도전서에 보면 제자들과 야고보 그리고 500여 명이 주님의 부활을 체험했다. 그런데 주님이 승천하시고 마가의 다락방에는 120명의 성도가 모였다. 나머지 사람들은 어디로 갔을까?

교회에도 많은 사람이 있지만, 하나님과 일대일로 만나서 하나님을 진정으로 사랑하며 섬기는 사람들이 얼마나 있을까? 잠시 주님으로 충만한 것 같지만 금방 식거나 다른 많은 이유로 성령 충만을 잃어버리는 사람들. 교회 모든 성도가 성령 체험한 120명처럼 끝까지 주님 사랑하며 순종하며 함께 천국을 이뤄가면 좋겠다.

오순절 성령의 임재

오래전 트루키에에 갔을 때 오래된 어느 교회의 천정 벽화를 봤는데 원형으로 둥글게 서 있는 그 사람들 머리 위에 불덩이가 하나씩 그려져 있었다.

개역개정판이 나온 뒤라 '아! 각 사람 머리 위에 성령이 임하심을 그림으로 나타냈구나' 하고 금방 알아차릴 수 있었다.

 행2:3 "마치 불의 혀처럼 갈라지는 것들이 그들에게 보여 각 사람 위에 하나씩 임하여 있더니"

그전 성경에는 그 표현이 없었으나 개역개정판에는 각 사람에게 임하심을 표현했고 난 그 말씀이 너무 좋았다.

 원어를 모르는 우리 같은 평신도는 개역판이 나와서야 알았지만 수백 년 된 천장 벽화가 그렇게 그려져 있는 것을 보면 그들은 이미 그 놀라운 은혜 속에 있었다. 120명의 성도. 간절한 기도 중에 그 뜨거운 성령의 체험을 하였다.

 주님의 영이 급한 바람처럼 불덩이처럼 저들 영혼을 만지며 찾아왔을 때 그 생생한 체험을 어떻게 표현했을까? 성령의 임재를 온몸으로 느꼈던 그들의 기쁨은 이미 천국을 체험하고 있었을 것 같다. 그래서 죽음을 불사한 복음의 전파자가 되었고 온 세상에 퍼진 그 복음이 오늘 우리에게까지 흘러왔으리라.

마가의 다락방

손미숙

순종의 향기가
기도로 피어나고

하늘로부터 오신 성령
각 사람 머리 위에 하나씩

모세를 만나듯
만나주신 사랑

사랑의 화신 되고
성령의 불덩이 되어

세계로 뻗어가던
복음의 나팔들

연둣빛 새싹 같은
교회의 탄생

4장

이스라엘 남부지역

약속의 땅을 향하여

죽음으로 얻은 자유의 항쟁 마사다

남대웅

마사다 케이블카

호텔 조식 후 성지를 향해 가던 중 멀리 높이 솟은 봉우리 같은 것이 보였다. 산이라고 하기에는 높은 곳에 평평했고, 마치 화산 분화구 같은 모양을 하고 있었다. 우리의 목적지가 여기인 줄 모르고 바라보다 가이드 선교사님이 "마사다"임을 말하였고, 마사다의 역사를 설명하기 시작했다.

한 민족의 혼이 담긴 유서가 깊은 장소였다. 마치 우리가 이순신 장군의 해전 장소를 방문하며 그 역사를 되새기는 것처럼, 성경적 성지보다는 이스라엘의 역사와 정신을 한눈에 볼 수 있는 이스라엘 민족의 성지를 방문했다. 이곳에 오르기 전 먼저 이곳의 역사를 잠시 설명하는 영상을 보았다.

가이드 선교사의 안내를 받았지만, 성지의 개념이 아닌 듯하여 별로 관심은 없었다, 우리나라도 이미 전쟁기념관, 역사 기념관에서 군인정신, 역사의식 등을 교육을 받는다. 우리 앞에 큰 규모의 케이블카가 기다리고 있었고, 마사다까지 올라가는 데 약 10분의 시간이 소유되었다. 케이블카 말고도 걸어서 올라가는 이들도 있었고, 등산하면 약 2시간이 소요된다고 한다. 그런데 올라갈 만한 가치는 있어 보인다.

마사다 요새의 비밀

무엇인가를 지킨다는 것은 가치를 모르면 지킬 수 없다. 가치는 한 사람, 한 공동체, 한 나라를 움직이는 힘이 된다. 한 사람에게 죽음은 모든 것이 마무리된다는 의미이다. 그러나 죽음이 절대 빼앗아 갈 수 없는 것이 한 사람이 살다가 남긴 삶의 흔적이다. 마사다에 도착했을 때 높게 솟은 하나의 봉우리 같았는데 가까이 가서 보니 자신의 존재를 드러내지 않고 "올라와 봐"라고 손짓하는 것 같았다.

가이드 선교사는 마사다를 "요새"라고 말하였고, 산 아래서는 알 수 없기에 케이블카를 타고 올라가야만 했다. 절벽의 높이는 434m에 이르렀다. 말 그대로 요새였고, 감히 걸어서 올라갈 수 있는 난공불락의 성 같았다. 마사다는 1800년대 학자들이 발견할 때까지 사람이 살지 않았다고 한다.

이후 많은 학자가 올라가 유적지를 발굴하는 과정에서 지금의 흔적을 찾을 수 있었다. 산 아래에서는 보이지 않았던 것이 산 정상에 올랐을 때 놀라움을 금치 못했다. 어찌 이러한 곳에 넓은 평지가 있을까? 곳곳에 건물의 흔적, 심지어 목욕탕도 있었고, 방어할 수 있는 진지도 있었다. 그런데 이 요새는 유대인이 아닌 유대의 왕 헤롯이 자신의 신변에 위협을 받자 자신의 피난처로 지은 궁전이다.

당시 건축물로는 상상을 초월할 만큼 혁신적이었다. 그런데 아이러니한 것은 헤롯의 피난처가 유대인의 마지막 항전의 장소가 되었다. 한 민족의 정신을 깨우는 것은 무엇일까? 한국에도 전쟁기념관, 순례지가 많이 있다. 그곳을 방문하면서 나라 사랑을 깨우치고, 순례지에서 신앙의 위대함을 발견하게 된다. 로마의 지배를 받던 유대인들에게 자유는 얼마나 간절했을까?

일제 치하의 압제 속에서 수많은 독립운동가의 피와 땀, 그 생명을 지키기 위해 이름 없는 자들의 헌신을 기억해야 한다. 기원전 63년부터 로마의 지배를 받은 유대인들은 끊임없이 독립전쟁을 하였다. 그로 인해 수많은 유대인이 학살을 당했고, 고통을 겪어야 했다. 그 과정에서 가장 적극적으로 독립운동을 했던 열심 당원 960명이 마사다에 들어와 항전했다. 정말 얼마 안 된 인원이었다.

이순신 장군이 12척의 배를 이끌고 330척 일본과 싸웠던 명량해전을 기억해본다. 불가능을 가능으로 바꾸었던 힘은 무엇일까? 죽고자 하면 살고 살고자 하면 죽는다는 이순신 장군의 마지막 호소가 아니었을까? 로마는 예루살렘 성전을 파괴한 후, 960명의 반란군이 있는 유대의 최후 항전이 마사다를 함락하기로 작전을 세웠다.

그런데 문제는 요새를 정복하기가 매우 어려웠다. 로마

의 선택은 마사다 밑에 진을 치고 기다리고 있었다. 난공불락 마사다였지만, 그렇다고 모든 것이 완벽한 것은 아니었다. 로마 실바 장군이 이끄는 9천 명의 로마군이 마사다 요새를 포위했다. 포위한 것 그 자체가 공포임을 알 수 있다. 그런데 로마군은 공격을 선택하지 않았다.

주위의 200m 높이의 장소를 찾았다. 그곳에서 언덕을 쌓기 시작했고, 그 언덕이 마사다 꼭대기까지 연결되도록 하였다. 그러나 아래에 있는 것보다 위에서 공격하는 것이 더 쉬웠을 텐데 마사다에 있는 열심 당원들은 로마 군인들을 공격할 수 없었다. 그 이유는 언덕을 쌓는 자들이 자신의 동족 유대인이었기 때문이었다. 그들은 로마군처럼 자신의 동족을 공격할 수 없었다. 이것이 가장 괴로운 일이었다.

로마군은 6천여 명의 유대인을 노예로 사용하였다. 얼마나 기가 막혔을까? 공포는 하루가 다르게 찾아오고, 언덕은 어느덧 완성되어가고 있었다. 그들의 마지막 선택은 무엇이었을까? 당시 열심 당원들을 이끌던 지도자 "엘리에제르 벤 야이르"가 최후연설을 했다. 그 연설의 핵심은 로마의 노예가 될 것인가? 명예롭게 죽을 것인가? 그들의 선택은 명예로운 죽음이었다.

960명 유대인 신자들은 로마 군인에게 잡히는 것보다 자살을 선택한다. 재물과 요새를 모두 불태우고 곡식 창고만 남겨두었다. 이것은 배고파 죽은 것이 아님을 보여주기 위함이었다. 분노로 가득한 로마군이 마사다를 점령했을 때 그들을 기다린 것은 960명의 시체였다. 얼마나 황당했을까? 로마 군인들은 얼마나 당황했을까? 이 상황은 아직 죽지 않은 몇몇 사람에 의해 전해졌다.

지금도 유대인 군인과 젊은이들은 이곳을 방문하여 나라와 신앙, 정신을 무장한다고 한다. 마사다는 유대인의 자존심이 담긴 곳이다. 그들은 자신의 신앙 자존심을 목숨으로 지켰다. 신앙은 생명이다. 신앙을 지킨다는 것은 곧 생명을 지킨다는 것을 의미한다. 960명이 억지로 죽든 자발적으로 죽든 중요한 문제는 아니다.

그들은 그들 삶의 끝을 알고 있었다. 그래서 노예로 길을 만들고 있는 유대인들을 바라보았고, 정복 후 자신들이 당해야 할 수치심을 알기에 생명을 걸었다. 그들은 마사다에서 로마의 노예를 거부하고, 자신들의 신앙의 자유를 붙잡았다. 누군가는 "이 생명의 가치가 무모한 것 아닌가?" 물을 수 있다. 그러나 그들의 고귀한 선택을 누구 감히 평가할 수 있을까?

다시 마사다 요새를 내려오면서 자신에게 이런 질문을 해 본다. '내 신앙의 자존심은 무엇인가? 나는 무엇을 위해 목사를 하고 있는가? 나는 내 삶을 지키기 위해, 너무 소중하게 붙들고 있는 것 때문에 사단의 노예는 되지 않았을까?' 내 신앙의 요새는 있다. 사단은 내 마사다 요새를 허물려고 달려든다.

정복당하는 그 순간! '나는 어떻게 할 것인가? 타협하고 생명을 건질 것인가? 생명을 붙들고 내 신앙을 지킬 것인가?' 이 시대가 마치 교회와 그리스도인이 사는 요새를 무너뜨리는 영적 전쟁터인 것 같다. 그러나 지키자. 신앙을 지킬 때 하나님은 우리를 기억한다. 우리의 요새가 훗날 우리의 믿음의 후손들이 찾고, 감동하고 지켜야 할 최고의 신앙 유산이 되기를 기대한다.

사해 사본과 쿰란 공동체

남대웅

사해 사본이 발견된 동굴

아주 햇빛이 강렬한 오후였다. 오늘은 사해 사본이 발견된 곳과 쿰란 공동체가 거주한 곳을 방문했다. 시원한 실내에 들어가 먼저 동영상을 통해 교육을 받은 후 내부에 전시된 성경 사본을 보았다. 그런데 안타깝게도 진본이 아니란다. 진품은 예루살렘에 있는 지혜의 신전 도서관에 보관되어 있다고 한다.

우리가 알고 있는 사해 사본은 가장 오래된 구약 필사본이다. 그런데 이 사해 사본을 한 목동이 잃어버린 양을 찾다가 뜻밖에 발견한 것이다. 1947년 베두인 목동이 양 한 마리를 잃어버린다. 양을 잃어버린 곳이 사해 연안에 쿰란

이라는 곳이었다. 양을 찾아 헤매던 중 현장에서 보았을 때는 당시 모습이 상상이 가지 않았지만, 협곡과 같은 곳에 작은 동굴을 발견한다.

목동은 혹 양이 그곳에 숨어있을까 하여 돌을 동굴 안으로 던졌다. 그런데 양은 없고 항아리가 깨지는 소리를 듣고 들어가 보니 아홉 개의 항아리가 있었고, 한 항아리에만 열한 개의 양피지 두루마리가 있었다. 그런데 목동들은 그 가치를 몰랐다. 양피지 두루마리를 싼값에 팔아 버렸다. 이때 200여 개의 동굴을 탐사하는 과정에서 11개 동굴에서 두루마리가 발견되었다. 우리가 본 성지는 1번 동굴이었다.

쿰란

팔린 두루마리는 골동품 수집상, 요르단 정부를 거쳐 이스라엘 사본 연구자들에게 연결되었다. 다행히 몇몇 사람들에 의해 귀한 역사적 자료를 보관할 수 있었다. 이때 발견된 것이 '이사야서'였다고 한다. 한 가지 의문점은 어떻게 2,000년 동안 보관이 잘 되어있었을까? 안내지를 보니 특별한 소금 광물로 코팅이 되어있다고 기록하고 있다.

가치를 모르면 버려지지만, 가치를 알면 한 시대를 움직이는 힘이 된다. 세상에 우연은 없다. 모든 것이 하나님의 때에 이루어진 사건으로 본다. 사해 사본은 중심이 없고, 혼란스러울 때 성경을 연구하는 학자들에게 중심을 잡아주었다. 분명한 가치를 보여주고, 확실한 성경의 진리를 확신시켜 준 귀한 발견이다. 비밀은 언제나 감추어져 있다. 그러나 사해 사본을 통해 하나님의 것이 세상에 드러났다.

땅에 감춘 보화가 세상의 빛을 본 것이다. 작은 동굴이었다. 사람들은 그냥 지나칠 수 있는 작은 동굴, 그러나 한 목동의 어린 양을 찾겠다는 진실한 마음이 하나님의 보물을 발견한 것이다. 하나님의 비밀은 누가 발견할 수 있을까? 바로 진실이다. 진실은 감추어진 것이 아니라 드러나게 되어있다.

성경은 그 빛을 본다. 하나님은 목동을 통해 성경을 세상에 드러냈다. 모두가 기준이 없을 때 사해 사본의 발견은 그 기준점을 제시해주었다. 사해 사본이 어느 곳에서도 누가 필사를 하였는지 알 수 없었다. 쿰란 지역에서 신앙생활을 했던 유대인들이 필사하였을 것이라고 학자들은 동의하지만, 다른 학자들은 다른 의견을 제시한다.

우리 안에 작은 동굴은 없는가? 그런데 무관심하다. 그 동굴 안에 하나님의 놀라운 비밀이 있다. 누가 찾을 수 있을까? 누가 땅에 감춘 보화를 발견할 수 있을까? 간절함이다. 애타는 마음이다. 이 마음이 나를 움직이기에 움직이는 그곳에 하나님의 보물이 존재한다. 그 보물은 발견하는 자의 것이다.

쿰란 공동체의 생활

사해 사본의 안내를 받던 중 가장 밀접한 관계가 있던 쿰란 공동체에 대해 들었다. 유적지를 순례하던 중 그들이 사용했던 목욕탕, 집, 항아리, 물 저장소 등을 보았다. 석회암을 파서 만들었던 그들의 생활상을 보면 상당히 놀랍다는 생각이 든다. 그리고 정말 지혜롭다고 여긴다.

쿰란 공동체는 유대인의 신앙공동체이다. 그들은 광야의 은둔자들이었다. 쿰란에서 발견된 사해 사본의 원주인은 에세네파, 쿰란 공동체였다. 그들은 왜 광야에서 생활했을까? 당시 예루살렘 신앙공동체가 부패했고, 제사장 가문인 사독 계열의 반발은 더 심했다. 성경에 보면 광야는 하나님의 훈련장소, 하나님을 만나는 곳이었다. 그래서 당시 경건한 유대인들은 광야로 모였다.

쿰란 공동체는 신앙적으로 보수에 가까웠다. 그들은 예루살렘 성전을 떠나 광야에서 신앙공동체를 만들어 오직 성경 연구에만 몰두하였다. 재산을 헌납하고 공동생활을 하였다. 어찌 보면 때가 묻지 않은 신앙임을 알 수 있다. 그들의 공동체 생활에서 가장 중요시했던 신앙 행위는 성경 필사였다고 추측한다. 그들이 남긴 것이 사해 사본으로 보는 것이 학자들의 견해이다.

비록 세상을 떠나 그들만의 리그를 만들었지만, 성경을 필사하는 놀라운 업적을 남긴 것은 위대한 사역이다. 그러나 만약 그들이 세상에서 더 나은 신앙공동체의 모범을 보여주었다면 어떠했을까? 사해 사본보다 더 위대한 성경의 기록을 남기지는 않았을까? 그들만의 신앙이 위대한 것은 좋지만 그러나 하나님의 거룩한 뜻은 제사장 나라, 하나님의 존재를 세상에 알리는 것이다. 알리지 않고 우리만 누리겠다는 것은 하나님의 뜻이 아니다.

사해 사본을 완성한 것은 위대하지만, 좀 더 지혜로웠다면 더 위대한 성경의 기록을 남겼다. 지금도 신앙공동체를 만들어 집단생활하는 단체들이 있다. 그들은 지금의 교회조직, 신앙생활에 의문점을 갖는다. 그래서 자기들만의 교육과 교리, 가르침을 통해 신앙공동체를 형성하고 있다.

물론 반대하는 것은 아니다. 그러나 공동체에 담긴 뜻이 왜곡되는 순간 성서적 삶에서 멀어지기 때문이다. 쿰란 공동체에 대해 학문적인 정의는 어렵다. 성지순례 중에 찾았던 쿰란 공동체, 사해 사본의 연결성을 보면서 들었던 것이 전부이다. 아직도 쿰란 공동체에 대한 난해한 부분이 있는 것도 사실이다.

그러나 그들은 이곳에서 메시야를 기다리며 성경을 필사하고 성경을 연구하며 가르치는 공동체 생활을 하였다. 이들이 남긴 것은 지금 아주 중요한 역사적 자료가 되었다, 우리는 이미 검증된 성경을 전 교인이 필사하였다. 자녀들에게 부모가 쓴 것을 남겨주기 위해 매일 몇 시간씩 시간을 할애해서 쓰고 있다. 쿰란 공동체의 성경 필사에 비교될 수 없지만, 문득 영적 부모들이 쓴 성경 필사가 후대에 자녀들에게, 성경 역사에 큰 기록이 되지 않을까?

좀 과장된 표현이겠지만, 한 공동체가 하나님 중심으로 신앙공동체를 이루고, 그 안에서 하나님을 중심축으로 서로 신앙으로 연결된 것은 후대에 큰 모범이 된다. 그리고 가장 위대한 것은 성경을 함께 필사한 것이다. 잠시 차를 마시면서 자신에게 이런 질문을 남긴다. "나는 하나님의 영광을 위해 무엇을 남길까? 무엇을 기록할까? 무엇을 드러내야 할까?" 무거운 질문만 남긴 채 성지를 떠난다.

죽음의 바다 사해

남대웅

사해는 이스라엘, 팔레스타인, 요르단의 국경과 접해있는 바다이다. 지구에서 가장 낮은 바다인 사해는 해수면에서 무려 400m 아래 있다. 헬몬산에서 흐른 물이 요단강으로, 요단강의 물이 사해로 들어간 후 저장만 할 뿐 다시 나갈 곳이 없어 죽음의 바다가 되었다. 물질의 농도만 짙어지고 염분의 수치가 바닷물보다 10배 정도는 짜다.

사해는 쉽게 말해 소금호수이다. 정말 많은 사람이 방문했다. 수영복 차림으로 물에 들어가 어린아이처럼 진흙팩을 하고 몸이 뜨는 것이 신기한지 재미있어한다. 수영을 못하는 나도 물에 뜨는 것을 보니 너무나 신기했다. 수영을 즐길 때는 순례객들은 죽음의 바다라는 사실을 모른다. 왜 죽음의 바다라는 어울리지 않은 칭호를 받았을까?

그런데 소금이 너무 강하면 생물을 죽인다. 자연은 하나님의 순리대로 흘러간다. 사해는 성지순례의 필수코스이다. 그런데 사해는 성지의 장소는 아닌 듯하다. 그러나 사해를 들르는 이유는 분명하다. 이곳에 성경적 의미를 담고 있기 때문이다. 사해는 단지 수영을 하고 그 신비로움을 체험하는 단순한 여정이 아닌, 사해에 담긴 깨달음을 얻고 돌아와야 한다.

받았는데 주는 것이 없기 때문이다. 하나님 나라 법칙은 받았으면 나누어주고, 품었으면 풀어 흘려보내 주어야 한다. 은혜는 들어오는 데 우리의 기도가 죽고, 영성이 죽으면 내 삶은 사해 바다가 된다. 사해가 주는 행복과 은혜의 신비로움은 있을 수 있지만, 단지 그것뿐이다. 은혜는 문을 여는 것이다. 무엇이든 들어오는 문이 있으면, 반드시 나가는 문이 있는 것이 자연의 이치이다.

생명의 물이 들어오면 살아난다. 은혜의 물줄기가 닿으면 생명이 회복된다. 그러나 흘려주는 은혜가 없으면, 내 것이라고만 말하고 언제나 그 자리에 머물러 있다. 죽음의 바다가 아닌 생명을 살리는 바다가 되어야 하지 않을까?

소금은 분명 살리는 힘이 있다. 부패를 막아주는 특별한 식품이다.

안타깝게도 사해 수위는 매년 내려가고 있다고 한다. 사해로 흘러들어오는 요단강의 물을 대부분 다른 나라에서 쓰기 때문에 2050년이 되면 바닥을 드러낼 것이라고 가이드 선교사의 말을 들었다. 생명이 공급되지 않으면 사막이 된다. 황무지에는 나무가 살지 못한다. 사해 수영을 마치고 몸을 씻었다.

진흙팩의 부드러움이 계속 남아있어 기분은 좋았다. 약 2시간의 일정을 마무리하고 여리게 향했다. 문득 차 안에서 내 삶에 무엇이 쌓여 있을까? 그래서 그것이 혹 흘러가지 않고 저장만 해 부패하지 않는가? 혹 그것 때문에 내 목회와 삶에 장애물은 아닐까? 그 정답을 찾기 위해 다시 성지순례가 시작된다. 성지순례가 끝나는 그 날, 그 정답을 찾기를 바란다.

향기의 도시 여리고

남대웅

삭개오의 뽕나무(돌무화과 나무)

몸이 아주 무겁다. 성경적 이야기로 너무 잘 알려진 삭개오 뽕나무를 직접 보았다. 잠시 내려 약 5분도 안 된 시간에 뽕나무를 보았고, 기억으로는 사진 한 장 급하게 찍고 바로 차에 오른 기억뿐이다. 뽕나무는 정확하게 돌 무화과나무이다. 단지 한국어로 번역하는 과정에서 돌 무화과나무와 비슷한 열매가 맺히는 뽕나무와 비슷하여 실제 잘못 알려진 나무의 이름이다.

삭개오가 뽕나무에 올라갈 수 있을 정도의 나무였지만, 그리 크지 않음에 놀라지 않았다. 가까이서 보지 못한 아쉬움이 있지만, 잠시 뽕나무 위에 있는 삭개오와 밑에 있는 예수님과의 만남을 그려본다. 뽕나무 주위는 많이 변했겠지만, 좁은 도로에 많은 사람이 몰려 있었기에 삭개오가 예수님 곁에 갈 수 없었다.

여리고 뽕나무

이때 삭개오 눈에 들어온 것은 뽕나무였다. 비록 그곳에 올라간다고 한들 예수님 눈에 띄는 것은 아니었다. 이 만남은 이미 예약되어있는 만남이었다. 삭개오는 예수님을 만났고, 내려오라는 예수님의 말씀을 듣고 내려와 예수님을 자신의 집으로 초대하였다, 이 만남으로 삭개오는 인생의 큰 변화를 경험한다. 자신의 재산 절반을 가난한 자들에게 나눠주고, 백성들에게 억지로 빼앗은 불법 세금이 있다면 네 배로 갚겠다는 약속을 한다.

삭개오에게 뽕나무는 무엇이었을까? 그냥 나무가 아닌 지상에서의 삶에서 하늘의 삶을 경험한 천국의 나무라고 생각한다. 올라갔기에 주님을 만난 것이다. 지상의 삶을 계속 추구했다면, 뽕나무가 보이지 않았을 것이다. 뽕나무가 보였다는 것은 삭개오의 마음에 천국에 대한 소망이 있었고, 그 꿈이 깨어났기 때문이다.

아주 짧은 시간이었다. 그래서 아쉬웠다. 그리고 과거 유대 종교지도자들이 무화과나무 아래서 말씀을 묵상하고, 성경을 나누었던 그 모습을 재연해보고 싶었다. 그런데 나무를 보호하고자 철조망이 세워져 있었기에 믿음의 사람들이 행했던 당시의 성경적 삶을 하지 못함에 아쉬웠다. 그러나 뽕나무 그 자체는 삭개오의 삶의 일부였고, 삭개오의 삶의 결론이 되었다.

아래에서 보는 삶은 예수님이 보이지 않는다. 우리의 신앙의 여정에 삭개오의 뽕나무가 있을 것이다. 다만 보이지 않을 뿐이다. 삭개오는 불법적인 삶을 살았지만, 뽕나무 위에 올라가는 순간 그는 하나님의 사람으로 거듭날 기회를 붙잡았다. 뽕나무는 그냥 나무다. 그러나 삭개오의 뽕나무는 천국의 계단이다. 올라가는 용기가 그의 인생을 바꿨다.

다음 성지를 향해 달려가는 차에서 문득 '내가 오를 뽕나무는 무엇인가?' 생각해본다. 내 눈에 보인다면 천국의 계단을 오르듯 뽕나무에 올라 주님을 기다리고 싶다. 그리고 주님과 눈이 마주쳐 주님의 음성을 듣고 싶다. 주님을 내 마음에 초대해 내 모든 삶을 버리고, 주님의 인도하심에 순종하고 싶다. 삭개오의 뽕나무, 나의 뽕나무 그것은 축복의 나무다. 지극히 평범하게 보이는 뽕나무, 그러나 천국에서는 가장 아름다운 나무라고 생각한다.

엘리사의 샘(여리고 샘)

삭개오 뽕나무의 아쉬움을 뒤로한 채 엘리사의 샘에 도착했다. 시내를 중심으로 도는 여정이라 금방 새로운 성지에 도착했다. 순례의 시간이 쌓일수록 몸이 아주 무거웠다. 엘리사의 샘에 도착했을 때 몸이 피곤해 내리고 싶지 않았다. 그래서 차에 그대로 있었다. 밖에 목사님들과 사모님들이 사진을 찍는 무언인가를 읽으며 호기심을 드러냈다. 궁금하던 차에 그냥 차에서 내려 엘리사의 샘물을 보았다.

엘리사의 샘은 현대식으로 바뀐 모습이었지만. 이곳의 물은 고대부터 샘이 흘러나와 무려 2,800여 년 전부터 물이 솟는 샘이었다. 이 샘의 역사를 기록한 안내문을 읽어 내려갔다. 여리고는 종려나무 성읍으로 불린다. 물이 풍부하여 종려나무가 풍성하게 자라 종려나무 성읍, 여리고로 불렀다. 엘리사는 승천한 엘리야를 만나기 위해 여리고를 방문했다. 그리고 이곳에서 오염된 여리고의 물 근원을 고치는 기적을 행하게 된다.

여리고는 사람들은 살기는 좋았지만, 물의 질이 좋지 않아 물의 근원보다 병의 근원이 되었던 곳이다. 물이 좋지 않아 곡식들이 병이 들고 자라지 못하자 엘리사 제자들은 심각하게 이 문제를 제안한다. 그러자 엘리사는 소금을 가져오라 말한다. 소금은 무엇인가? 부패를 방지하는 재료다. 사해는 많은 소금으로 인해 죽은 바다가 되었지만, 엘리사 샘은 소금으로 인해 생명을 회복했다. 엘리사가 소금을 뿌리자 깨끗한 물이 솟아나고 정화되었다.

물은 생명의 근원이다. 생명의 근원은 하나님이시다. 소금이 물을 정화 시킨 것이 아니라 소금을 통해 역사하신 하나님이 물을 정화 시킨 것이다. 엘리사 샘물은 생명으로 거듭났다. 하나님은 엘리사에게 내가 이 물을 고쳤다. 하나님은 "지금부터 죽음이나 열매 맺지 못함이 없을 것이다" 라고 말씀하셨다.

문득 나에게도 엘리사의 샘의 기적이 필요하다고 생각해 본다. 몸이 천근만근이다. 기침과 고열로 성지순례가 너무 벅찼다. 처음 기대했던 마음과 열정이 육신의 아픔으로 너무 힘이 들었다. 성지가 주는 기쁨보다 빨리 호텔에 들어가 쉬고 싶다는 생각뿐이었다. 나뿐만 아니라 이미 몸살로 차에서 내리지 못하고 누워있는 목사님도 계셨다.

엘리사 샘물에서 잠시 묵상했다. 그리고 기도했다, "하나님 나에게 새 힘을 주옵소서. 내 평생 성지순례 처음 와서 육신의 약함 때문에 하나님의 마음, 예수님의 생명이 깃들어 있는 이곳에서 아무런 은혜도 얻지 못하고 간다면 부끄럽습니다. 소금을 나에게 쳐서 새 생명을 얻게 하옵소서. 주저앉고자 하는 마음의 부패를 씻겨 주시고 새롭게 일어나 힘차게 성지순례를 마칠 수 있는 정화된 심령을 주옵소서." 짧지만 간절하게 기도했다.

그리고 이후 놀라운 기적이 일어났다. 마음에 평안히 찾아왔고, 새 힘을 얻을 수 있었다. 소금을 쳤을 때 물이 정화되었듯이, 하나님의 말씀이 내 영혼을 쳤을 때 새 힘을 얻었다. 그리고 하나님은 내 마음에 이렇게 말씀하셨다. "지금부터 힘듦이나 아픔이나 방해하는 악한 것들이 없을 것이다." 너무나 기쁜 메시지이다. 엘리사 샘이 내 마음의 샘이 터지는 은혜의 장소였다.

유혹의 산

엘리사 샘에서 새롭게 충전한 후 유혹의 산으로 향했다. 유혹의 산은 시험 산의 이름이다. 예수님이 광야에서 40일 금식기도 하신 후 마귀에게 시험을 받으셨던 산이다. 직접 가보지는 못하고 멀리서 바라보며 사진만 찍었다. 눈으로 바라보니 높은 산이었다. 이 산에 오기 전 유대 광야를 잠시 들렀다. 유대 광야를 바라보는 순간 말을 잊었다. 아니 그 어떤 말도 할 수 없었다.

아무것도 없는 광야, 그늘을 막아 줄 나무도 없다. 단지 작은 동굴들이 있을 뿐 아무것도 없었다. 예수님이 정말 이곳에서 시험을 받으셨던 것일까? 받으셨기에 살아서 이 유대 광야를 나왔다는 것이 기적이 아닐까? 죄수들이 유대 광야로 도망을 가면 그냥 내버려 두었다는 말이 이해가 간다. 들어가는 입구부터 지옥이다. 지옥에서 살아남는 것은 무슨 의미일까?

예수님은 이곳에서 세 가지의 시험을 받으셨다. 예수님이 받으셨던 시험을 묵상해 본다. "만일 하나님의 아들 이어든 이 돌들로 떡 덩이가 되게 하라." 아무것도 없는 유대 광야, 먹을 것이 없는 지옥이다. 당연히 배가 고팠고, 그 굶주림은 인간의 한계를 넘었다. 그런데 주님은 "사람이 떡으로만 살 것이 아니요, 하나님의 입으로부터 나오는 모든 말씀으로 살 것이라" 지옥을 천국으로 만드는 말씀을 하심으로 사단의 첫 번째 시험을 이기셨다.

사단은 예수님을 높은 곳에 오르게 하여 "만일 하나님의 아들 이어든 뛰어내리라" 유혹한다. 실제 그 높이를 보니 뛰어내리면 100% 죽게 된다. 10m 높이가 사람에게 가장 큰 공포를 준다고 한다. 그런데 10m 이상의 높은 곳에서 밑을 바라보았을 때 얼마나 두려웠을까? 뛰어내리면 죽는다. 예수님은 이렇게 말씀한다. "주 너의 하나님을 시험하지 말라." 하나님은 생명을 가지고 장난하시는 분이 아니다.

뛰어내리면 예수님이 죽는 것이고, 그렇게 되면 예수님의 사역도 멈춘다. 사단의 생각을 읽은 예수님은 사단의 요구에 지혜롭게 답하신 것이다. 마지막 사단은 "만일 내게 엎드려 경배하면 이 모든 것을 네게 주리라." 이에 예수님은 "사단아 물러가라. 주 너희 하나님께 경배하고 다만 그를 섬기라." 정말 멋진 답이다. 경배하면 많은 것을 얻을 것이다. 잠깐 눈을 감으면 많은 것을 얻을 수 있다, 그러나 하나님을 잃어버릴 수 있다.

유혹의 산을 바라보며 예수님이 왜 유대 광야에서 시험을 가장 먼저 받으셨을까? 생각해볼 때 이 시험을 극복하지 않았다면 예수님은 그 어떤 사역도 감당하지 못했을 것이다. 인간이 추구하는 먹는 것, 권력과 권위, 생명의 의미를 알지 못하고는 목회를 감당할 수 없다는 생각이 든다. 목사도 돈 욕심이 있고, 권위와 권력에 대한 욕심, 내 삶의 가치를 추구한다.

때론 이것이 내 목회의 방해물이 될 수 있다. 시험산 앞에서 나는 이 세 가지를 포기하고 하나님을 선택할 수 있다는 다짐을 해 본다. 예수님은 하셨다. 나는 예수님을 믿는다. 예수님이 나에게 힘을 주신다. 그렇기에 나는 감당할 수 있다. 시험 산을 직접 올라가지는 못했지만 시험 산에서 들려오는 예수님의 외침이 마음을 울린다. 예수님의 호소를 마음에 담고 시험 산을 떠나간다.

텔 여리고

이른 아침 여리고 시내를 향해 떠났다. 전날 여리고에 사는 이스라엘 청년이 팔레스타인 사람들에게 폭행을 당했다고 한다. 이로 인해 무장한 경찰들이 시내 곳곳을 지키고 있었다. 긴장감이 있었지만, 하나님의 유익한 인도 하심을 기대해본다. 여리고는 세상에서 가장 낮은 도시이자 가장 오래된 도시이다. 삭개오 뽕나무, 엘리사의 샘, 유혹의 산을 방문하고 텔 여리고를 조망하기 위해 출발했다. 안타까운 것은 이곳을 직접 내려서 들르지는 않았다.

"텔"은 언덕이라는 의미이다. 성지는 대부분 30-50m의 언덕 위에 많은 유적지가 발견되었다. 이스라엘 거주지는 대부분 언덕 위에 있다. 그 이유는 물을 쉽게 구할 수 있고, 적들로부터 쉽게 방어할 수 있었기 때문이다. 가장 중요한 것은 높은 곳에 비옥한 들판이 있어 식량을 자급자족하기에 좋았기 때문이다.

여리고라는 지역이 성경에 세 번 등장한다. 하나는 구약시대의 여리고, 신약시대의 여리고, 지금의 여리고 이다. 엘 여리고는 구약시대 여리고를 가리킨다. 여호수아가 여리고 성을 무너뜨릴 때 여리고의 견고함을 성경은 잘 설명하고 있다. 그런데 이 성벽이 무너졌다는 것은 기적이다. 그 이유는 실제 무너질 수 없는 구조이기 때문이다.

가이드 선교사는 특별하게 볼 것이 없다고 하여 그냥 지나쳤다. 난공불락의 텔 여리고는 하나님의 말씀에 순종해서 믿음으로 성벽을 무너뜨리고 정복한 가나안 최초의 도시이다. 지금도 계속 발굴하고 있다고 한다. 하나님은 텔 여리고의 흔적을 남기셨다. 그리고 발견케 한다.

흔적은 하나님의 일 하심을 기억하는 증거다. 텔 여리고를 보았다면 좋았겠지만. 지금은 성터만 남은 들판의 모습임을 사진을 통해서 보게 된다. 아직도 발굴하고 있고, 그 흔적을 찾기 위해 노력하지만, 이것이 어려운 것은 여리고 성을 하나님이 완벽하게 무너뜨렸다는 증거가 아닐까? 하나님을 대적했던 텔 여리고, 가장 오랜 역사를 품고 있는 텔 여리고, 가장 견고했던 텔 여리고는 하나님의 능력 앞에 터만 남아있을 뿐이다.

기억하자! 하나님의 능력을…. 기억하자! 하나님의 이름을…. 우리는 무엇을 남기기를 원하는가? 하나님보다 더 위대한 것, 기억할 것은 없다. 내 삶의 흔적으로 남겨야 할 것이 있다면 그것은 하나님일 것이다. 내 마지막 삶이 황량한 터만 남는 것이 아닌, 하나님의 거룩한 신앙 건물이 남아있기를 소망한다.

예언이 성취된 땅 베들레헴

남대웅

베들레헴 예수 탄생 기념교회

　가장 가고 싶은 곳에 도착했다. 복잡한 도시 중심을 지나 성지로 올라간다. 도로 주위에 수많은 성물이 조각되어 있었다. 탄생과 죽음, 부활에 관련된 모든 장식품이 나의 눈을 멈추게 했다. 사고 싶은 충동이 강했지만 크기가 너무 커서 소장할 수 없음에 너무 안타까웠다. 약 20분쯤 걸었을 때 거대한 성곽이 보인다. 그리고 넓은 광장이 눈에 들어온다.

　예수님이 탄생한 곳이기에는 너무 웅장하고, 마구간이라

고 하기에도 실감이 나지 않은 성곽과 같은 모습이었습니다. 그런데 사람들이 한 곳으로 이동한다. 우리 팀도 따라 들어갔다. 가장 먼저 통과해야 할 문은 허리를 숙여야 들어갈 수 있는 작은 문이었다. 과거 이 문은 사람이 서서 들어갈 수 있는 큰 문이었다. 그러나 이방인들이 말을 타고 이곳을 통과했기에 말이 들어오지 못하도록 문을 작게 만들었다고 한다.

이 문을 들어서면서 김제 "ㄱ"교회가 생각난다. 강단을 들어가기 전 반드시 허리를 숙여야 하는 작은 문이 있었다. 작은 문은 겸손의 상징이다. 이 문을 통과한 후 눈에 들어온 것은 예수 탄생을 기념하는 거대한 성당이었다. 이곳은 로마 시대 믿음이 좋았던 로마 황제 콘스탄티누스 어머니 헬레나가 '베들레헴 예수 탄생의 마구간'이라 확신하고 탄생한 곳에 'X'표시를 그어 그곳에 교회가 세워졌다.

모자를 벗고 조용히 기다리며 묵상한다. 시간이 촉박하게 들어가서 시간이 얼마 남지 않았다. 많은 국적의 사람들이 작은 계단 밑으로 내려가기 위해 줄을 길게 섰다. 기다림에 지치기도 했다. 왜 이렇게 오래 걸릴까? 차례가 되어 내려가 보니 이해가 됐다. 순례객들이 예수님이 탄생한 곳에 무릎을 꿇고 손을 대고 기도하느라 시간이 지체되었다.

　안내하는 분들이 보고 빨리 가라고 했지만, 순례객들은 말을 듣지 않았고, 한 번이라도 만지기 위해 무릎을 꿇었다. 누가 그들의 마음을 막을 수 있을까? 순례객들은 그들의 마음을 이해했는지 아무도 가라는 말을 하지 않고 묵묵히 기다려 주었다. 나는 그냥 눈으로만 보았다. 마구간의 모양도 아닌 상징적인 하나의 작품이었지만, 순례객들은 실제 보고 느끼는 듯하다. 이것이 성지순례의 묘미가 아닐까?

　예수 탄생교회는 다른 종파들이 각기 다른 모형으로 예수님을 경배했다. 탄생은 시작이다. 탄생은 구원의 시작이면서 탄생은 결론이 된다. 각기 다른 종파들은 예수님 탄생을 자신의 신학과 신념으로 다르게 만들었지만, 중요한 것은 예수님은 이 땅에 구원자로 오셨다는 사실이다. 겉으로 보이는 화려한 장식보다 내 마음의 신앙과 믿음이 더 화려하고 분명해야 함을 느낀다.
　사람들의 표정은 한결같다. 이 표정을 경건이라는 의미를 부여하고 싶다. 이곳에 담긴 역사적인 의미를 다 쓸 수는 없지만, 예수님의 탄생은 모든 것의 알파와 오메가가 되었다. 예수님이 태어난 곳에 무릎을 꿇고 만지지는 못했지만, 그곳을 바라보며 나의 새로운 탄생을 되새겨본다. 나는 이 땅에 왜 태어났을까? 나는 왜 목사로 새로운 삶으로 태어났을까? 탄생만큼 중요한 것은 없다. 탄생이 곧 시작이기 때문이다. 목사로 새롭게 태어남을 시작했다면 이제 어떻게 살아야 할까에 대한 답은 이미 나와 있다.

예수님처럼 살면 된다. 예수님의 탄생이 가치가 있듯이 나의 탄생도 가치가 있다. 모든 것을 마무리하고 밖으로 나왔을 때 뜻밖에 사건을 접한다. 예수 탄생교회 광장 바로 맞은편에 이슬람 사원이 있었다. 예배 모임이 있었는지 스피커를 통해 아잔 소리가 크게 들려온다. 소리가 얼마나 큰지 광장을 흔들 만큼 컸다. 세상의 소리는 여전히 크다. 세상의 소리는 교회를 흔든다. 이단들은 크게 확장해간다. 그리고 교회를 향해 자신들의 소리를 더 크게 낸다. 광장에 서서 기도했다. 이슬람 사원의 아잔 소리가 아무리 커도 예수 복음의 소리보다 작게 하소서. 그 어떤 소리도 복음의 소리보다 클 수 없다. 왜냐하면, 복음은 생명의 소리, 살아있는 소리이기 때문이다.

예수님이 '응애!' 하면서 울었을 때 이미 세상은 예수님의 울음소리로 가득했다. 이 소리보다 더 큰 소리가 어디에 있을까? 예수님이 탄생했던 마구간에서 들리지 않았던 소리가 이슬람의 종소리를 듣는 순간 이제야 예수님의 울음소리가 내 마음을 가득 울린다. 왠지 모르게 밀려오는 감동은 무엇일까? 복음의 소리보다 더 큰 소리는 없다.

예수 탄생교회를 뒤로한 채 왔던 길로 걸어간다. 올라오면서 보았던 기독교 성물들이 하나의 아름다운 장식품이었는데, 내려가면서 보니 생명이 깃들인 장식품으로 보인다. 사는 사람마다 성물 장식품에서 생명이 흘러나와 한 가정과 교회, 나라를 변화시키는 예수님의 마음의 소리가 넘치기를 소망해 본다.

목자들의 들판 교회

베들레헴은 성지순례객들이 반드시 들르는 곳이다. 예수 탄생교회보다 먼저 가야 할 곳이 목자들의 들판 교회였다, 천사는 양을 치는 목자들에게 예수님의 탄생 소식을 먼저 알렸다. 목자들이 가장 먼저 예수님의 탄생 소식을 들은 이 들판은 베들레헴과 약 2km 떨어진 곳에 있었다.

이 교회는 아담하게 지어졌다. 올라가는 동안 주위의 환경이 너무 아름다웠다. 교회 내부에 들어갔을 때 더 아담하고 작지만 모든 것을 다 품고 있는 듯했다. 가장 먼저 눈에 띄는 것은 천사가 목자들에게 예수님의 탄생을 알려주는 성화이다. 그 외에 다양한 성화들이 그려져 있었다. 우리 팀들은 조용히 자리에 앉았다.

그때 가이드 선교사님이 복음성가를 부르기 시작했다. 어떤 노래인지는 기억이 나지 않지만, 그 노래가 전염되어 순례팀이 찬양을 시작했다. 교회 내부는 좁았지만, 찬양의 울림은 세계의 어떤 큰 교회보다 우렁찼고 그 어떤 오케스트라보다 더 웅장했다. 찬양은 계속되었고 우리 팀뿐만 아니라 함께 방문한 순례객들도 함께 찬양했다.

이 찬양이 목자들의 찬양은 아니었을까? 천사들에게 들은 후 그 넓은 들판에서 목자들이 한 것은 무엇일까? 즉시 베들레헴으로 달려가지는 않았을 것이다. 준비하고 떠날 때까지 목자들은 찬양을 흥얼거렸다. 구원자의 오심을 기뻐하며 마치 순래객들이 찬양하듯이 그들은 어두운 밤을 깨우는 찬양을 했다. 그리고 달려갔다.

이것이 목자들의 진짜 모습이었을 것이다. 한동안 움직이지 못했다. 찬양 후 기도가 시작되었다. 홀로 묵상하는 사람도 있었다. 성화와 새겨진 글들을 보며 마음의 찬양을 해 본다. 이제 교회 밖으로 나와 목자들이 추위를 피해 살았다는 동굴을 방문했다. 지금은 아주 현대식으로 바뀌었지만, 그 내부에 들어가면 과거 그대로의 모습을 유지하고 있었다. 동굴을 파놓은 모양, 그 안에 예배를 드릴 수 있는 예배실이 있었다.

천연 동굴을 파서 거주지로 사용하였고, 들짐승으로부터 안전하게 보호받을 수 있는 가장 안전한 집의 모양이었다. 지금까지 방문했던 교회들은 한결같이 천주교 형식의 교회였다. 예상은 했지만, 너무 작품처럼 만들어놓은 교회들의 모습은 내 마음에 작은 거부감이 있었다. 과거 이곳은 어떠했을까? 모두 다 초라한 모습이었을 것이다.

건물도 아닌 들판의 한 장소, 마구간의 모습이었을 것이다. 그런데 지금은 너무 화려하게 인위적으로 만들어놓았다. 그런데 목자들이 거주했던 곳은 있는 모습 그대로다. 겉은 일부 현대식으로 만들어놓았지만, 내부는 그들의 삶 그대로였다. 예수님은 마구간에서 태어나셨다. 그런데 이곳을 방문하면서 재미있는 성경적 사실을 발견했다.

당시 예수님은 여관이 없어 마구간에서 태어나셨다. 당시 집의 구조를 보면 동굴의 가장 입구 쪽이 동물들을 보호하는 장소였다. 침실은 가장 안쪽이었다. 사람들은 가장 안쪽에서 잠을 자고, 모든 방에 손님이 가득했기에 예수님은 집 가장 바깥쪽 동물들이 있는 곳에서 태어나셨다. 추위는 피할 수 있었지만, 그 자리는 가장 추한 자리였음을 알 수 있다.

그러나 그 자리는 예수님이 태어남으로 가장 복되고, 가장 안전한 자리가 되었음을 기억해야 한다. 목자들의 들판 교회는 꾸밈이 없는 모습이었다. 목자들의 삶은 꾸밈이 없는 삶이었다. 그래서 예수님이 목자들에게 '가장 먼저 알려주지 않았을까?' 생각해본다. 그릇이 깨끗하면 어떤 음식도 담을 수 있다.

그러나 그릇이 더러우면 아무리 고급스러운 음식도 담을

수 없다. 목자들의 마음은 깨끗했다. 예수님의 탄생을 담을 만큼 깨끗했다. 우리는 어떠한가? 깨끗한가? 동굴 안에 있는 작은 예배실에서 자리에 앉아 기도했다. 나는 정말 목사일까? 목자들처럼 천사들에게 복음을 듣고 그 복음을 전하고 확인하기 위해 즉시 베들레헴으로 뛰어왔던 목자들의 모습이 나에게 있는 것인가? 이 질문은 나에게 참으로 어려웠다.

나는 복음을 전한다. 그러나 복음의 기쁨이 없을 때가 있다. 목자들에게 들려진 복음은 의무가 아닌 기쁜 소식이었다. 나에게 들려진 복음도 기쁨으로 전해야 한다. 그리고 복음을 듣고 달려가야 한다. 그런데 나는 지금 목자들의 모습의 반도 따라가지 못한다. 나는 내 삶을 돌아보며 회개한다. 복음을 듣는 것은 축복이다. 들었으면 나의 들판에서 뛰어 베들레헴으로 달려가는 기쁨의 발걸음이 되기를 꿈꿔본다.

메마른 사막 유대 광야

남대응

성지순례 중 가장 큰 충격을 받은 곳이 유대 광야이다. 직접 걸어보지는 않았다. 다만 높은 곳에 올라가 보았을 뿐이다. 그런데 보는 것 그 자체만으로도 큰 충격이었다. 유대 광야는 말 그대로 아무것도 없다. 단지 사람들이 다니는 작은 길들이 조금씩 있을 뿐이다. 유대 광야는 그 어떤 풍경과도 비교될 수 없을 만큼 장관이었다.

유대 광야

그런데 이 장관은 사람들의 감탄사를 유발하는 것이 아닌, 입을 다물게 하고 두 손을 모으게 하는 힘이 있다. 예수님과 세례요한이 머물렀던 장소, 광야는 그리스도인에게 있어 필수적인 성지순례 코스이다. 사람들은 미국의 그랜드캐니언이 장관이라고 말하지만, 내가 볼 때는 유대 광야가 이 세상에서 가장 멋진 장관이 아닐까? 걸어보고 싶은 충동이 있었지만, 잠시 들른 코스였기에 많은 아쉬움이 남아있었다.

모두가 이곳을 바라보며 말을 하지 못했다. 사진을 찍는 것이 마치 죄를 짓는 기분이 들었다. 한쪽 끝에서 한 목사님이 조용히 무릎을 꿇고 기도를 드린다. 모두가 머리를 숙여 기도한다. 가이드 선교사님은 유대 광야에 연간 강수량이 약 100~150mm 정도 내린다고 한다. 비가 거의 오지 않는다는 의미이다. 그런데 하나님은 광야에 하나님의 사람을 세우는 멋진 학교를 만드셨다.

광야학교를 졸업하면 세상 것과 비교할 수 없는 최고의 졸업장을 받는다. 이 졸업장에 '하나님의 사람 ○○○'이라고 쓴다. 참 멋진 곳이다. 약 20분쯤 보았을까? 너무 아쉬웠다. 정말 걸어보고 싶었다. 나중에 기회가 된다면 홀로 방문하여 걸어보고 싶다. 예수님이 시험받으신 경험, 세례 요한이 복음을 전한 삶, 광야학교에 입학하여 훈련을 받을 시간을 기대해본다.

짧은 시간이었기에 많은 것을 얻을 수 없었다. 가이드 선교사님은 걸어보아야 유대 광야가 주는 참 의미를 알 수 있다고 말했다. 냉정하지만 걸어보지 않았기에 안타까움만 더 했다. 나는 맨 늦게 내려왔다. 내려오는데 무엇인가 광야에서 나에게 외치는 소리가 들렸다. "네 것을 이곳에 내려놓아라" 무엇을 내려놓으라는 것일까?

나는 성지순례를 오기 전 심신이 지쳐있었다. 성지를 갈 수 있을까 고민했지만, 이 기회를 놓치고 싶지 않았다. 목회 현장에서 서서히 탈진을 경험하고 있을 때, 나를 움직이는 힘을 잃어버리고 있을 때, 성지순례는 하나님이 주신 기회였다. 유대 광야를 바라보며 마치 내 마음의 모습과도 같았다. 나에게 비우라고 말했지만, 비울 것이 없었다. 그런데 하나님은 계속 비우라고 말씀하신다.

차에 타서 다음 코스로 이동하던 중 깨달음이 찾아왔다. 여기까지 온 것이 나의 힘이 아니지 않았을까? 예수님은 유대 광야에서 시험을 받으실 때 하나님의 권위, 능력, 그 이름을 40일 동안 내려놓은 훈련을 받았다. 철저하게 하나님의 힘으로 움직일 수 있는 모습으로 변화될 때까지 훈련을 받으셨다. 그리고 예수님은 유대 광야에 모든 것을 내려놓고 떠나셨다. 세례요한도 마찬가지이다. 하나님 나라를 전했던 세례요한도 광야에 자신의 모든 것을 내려놓는 훈련을 받았다.

이 훈련으로 세례요한은 예수님이 오셨을 때 모든 것을 예수님에게 이양할 수 있었다. 그렇다. 유대 광야는 나를 비우고 하나님으로 채우는 장소이다. 메마른 땅, 거친 풀밖에 없고, 그것은 바람에 침식된 바위로 채워진 유대 광야가 왜 위대한가? 이곳에 하나님이 계시기 때문이다. 이곳에서 하나님의 것을 얻을 수 있는 곳이기 때문이요. 하나님의 은혜를 받는 곳이기 때문이다.

유대 광야를 바라만 보았다면, 이제는 차 안에서 하나님을 생각해본다. 이것이 성지순례의 참 맛일 것이다. 유대 광야가 점점 멀어진다. 그러나 내 마음의 유대 광야는 가장 멋진 곳으로 기억되고 있다. 이곳에서 내 삶의 모든 것 되신 하나님을 만났기 때문이다. 그리고 내 것을 비워 하나님으로 충전이 되었기 때문이다. 유대 광야 너는 참 멋진 친구다.

삼손의 고향-단 지파의 성읍

남대웅

　유대 광야를 지나 아둘람 굴을 가던 중 가이드 선교사님이 우리를 잠시 세운 뒤 작은 언덕을 오르게 하였다. 그리고 그곳에서 한 장소를 보여주셨다. 그곳은 삼손의 고향 소렉 골짜기였다. 삼손은 이 골짜기에서 태어났고, 삼손이 사랑했던 델릴라가 살던 골짜기였다. 성경적 배경을 보면 블레셋 사람들에게 빼앗긴 법궤가 돌아오는 벧세메스가 있는 곳이다. 소렉 골짜기는 단 지파의 분깃이었다. 이 땅을 멀리서 보며 놀란 것은 작은 성읍에 하나님의 사람, 전무후무한 하나님의 힘을 가진 삼손이 태어났다는 점이다. 우리나라로 보면 작은 산골 마을을 보는 듯했다. 개천에서 용 난다는 말이 있다. 이 작은 마을에서 어떻게 하나님은 삼손을 이스라엘 사사로 선택했을까?

가까이 가서 보고 싶었지만, 멀리서 눈으로 본 것으로 만족해야 했다. 그런데 삼손의 출생지는 맞지만 그가 묻힌 곳은 찾기 어려웠다. 한 20분 정도 머물면서 선교사님은 또 한 가지 재미있는 것을 말씀하셨다. 지금 그 길이 맞는지 모르지만, 그 길로 언약궤를 맨 두 암소가 걸어가 벧세메스로 간 길이라고 말했다. 이 길은 삼손의 고향보다 더 놀라웠다. 지금은 길이 평탄했지만, 그 당시는 아무것도 없는 산골짜기, 그것도 언약궤를 떨어뜨리지 않고 벧세메스까지 갔다는 사실이 놀라웠다. 그 길은 산길이었다. 말이 되는가? 작은 마을이지만 이곳에서 정말 놀라운 일들이 일어났다. 그곳은 한 민족을 살리는 삼손이 태어나고, 언약궤가 지나는 길로 쓰임 받았다.

우리는 지극히 작은 자이다. 대한민국은 전 세계에서 지극히 작은 나라이다. 그런데 지금 세계를 움직이고 있다. 그 이유는 하나님의 사람들이 태어난 곳이기 때문이다. 대한민국은 소렉 골짜기 같은 곳이다. 그리고 하나님의 언약궤, 복음이 대한민국을 관통하고 있다. 단 지파의 성읍은 지극히 작지만, 이 작음이 큰 역사를 이루었다.

잠시 머리를 숙이고 묵상해 본다. 나는 지극히 작은 자이다. 대한민국 순천의 한 작은 교회를 담임하고 있다. 하나님은 나를 소렉 골짜기로 보내셨다. 태어난 곳은 아니지만, 영적으로 새롭게 태어나게 하신 곳이다. 지극히 작은 땅, 작은 교회, 작은 목사, 그러나 하나님은 나를 통해 순천을 움직이고 대한민국을 넘어 세계에 복음이 전해질 때 기억되기를 소망해 본다.

나를 통해 복음이 들어가고, 나를 통해 복음이 세워지고, 나를 통해 복음의 사람이 태어나는 소렉 골짜기의 축복을 기대해본다. 잠시 20분만 머문 곳, 그러나 나에게는 내 인생의 비전을 품은 곳이 되었다. 나에게 주어진 힘과 지혜, 목회의 기회가 헛되이 쓰이지 않고 가치를 낳는 열매가 되기를 기도해본다. 왠지 그 어떤 성지보다 가슴 뿌듯함은 무엇일까?

다윗의 피신처 아둘람 굴

남대웅

참 멀리 이동했다. 도심을 완전히 벗어난 작은 동산에 도착했다. 이곳은 어떤 곳일까? 차에서 내려 한참을 걸어 갔다. 마치 등산을 한 것 같은 기분이었다. 이곳은 아둘람 굴이었다, 일부 지친 목사님들은 가지 않고 기다리고 계셨고, 젊은 목사님들이 아둘람 굴을 찾아 떠났다. 아둘람 굴은 그동안 외부에 알려지지 않는 미공개 성지였다고 한다.

다윗이 사울을 피해 은신처로 삼았던 아둘람 굴이 궁금했다. 어떤 동굴의 모습일까? 가이드 선교사님이 가던 도중 잠시 멈추시더니 땅에서 자란 한 식물을 가리키시면서 이것이 우슬초라고 말씀하셨다. 그냥 평범한 식물이었다. 양의 피를 발라 문지방에 바른 식물, 우슬초로 정결하게 씻어달라고 기도했던 다윗이 생각났다. 특별하게 여겼던 우슬초, 그런데 너무 평범하게 생긴 식물이었다.

하나님은 하찮고 지극히 평범한 식물을 특별하게 만드셨다는 것이 참 감사하다는 생각이 든다. 나 같은 사람도 목사로 만들어 특별하게 사용하여 주시니 얼마나 감사한가! 지극히 평범한 한 식물을 먼저 경험케 하신 하나님께 감사했다. 더 특별한 하나님의 사람으로 새롭게 거듭나기를 다시 한번 다짐해본다.

마침내 아둘람 굴에 도착했다. 나무가 우거져 동굴이라고 여겨지지 않았다. 이곳이 다윗의 피난처였을까? 수풀 사이로 입구가 보였다. 동굴로 내려가는 길이 만만치 않았지만, 무난히 내려갈 수 있었다. 동굴 안으로 들어갔을 때 보니 상당히 넓었다. 위로는 큰 구멍이 있고, 동굴 안에 또 다른 작은 동굴이 있었다. 다윗과 다윗을 따르던 600명이 숨어 지낼 수 있는 넓은 동굴의 크기였다.

아둘람 굴은 다윗이 피신하면서 사울의 눈을 피하고, 블레셋과 싸워 이겨야 할 전략기지였다. 다윗의 고난을 가장 잘 표현된 곳이 아둘람 굴이다. 멀리서 보면 하나의 동산과 같다. 이곳에 굴이 있을 것이라고는 생각지도 못한 곳이다. 다윗은 얼마나 괴로웠을까? 습하고 어두운 동굴에 숨어있던 다윗은 스스로 자신을 얼마나 초라하게 보았을까?

그런데 하나님은 피난처를 기도처로 만들었다. 사울이 다윗을 잡기 위해 이곳을 샅샅이 뒤질 때 다윗은 숨죽여 가며 기도했다. 다윗뿐만 아니라 그를 따르던 600명도 숨죽여 기도했다. 하나님은 사울과 그 병사들의 눈을 멀게 하여 아둘람 굴을 발견하지 못하게 했다. 아무도 없을 때는 모두가 손을 잡고 통성으로 기도했다. 이 소리가 들킬 위험이 있지만, 하나님은 이 소리를 동물들의 울음소리로 들리게 하지는 않았을까?

아둘람 굴은 다윗에게 피난처요, 우리에게 아둘람 굴은 예수 그리스도임을 기억해야 한다. 사람은 누구나 피난처가 있다. 누군가는 동굴에 갇혀만 있는 그리스도인이 있는가 하면, 누군가는 동굴에서 피난처이신 하나님을 만나기도 한다. 아둘람 굴은 모두에게 피난처이지만, 또한 축복의 장소이기도 하다.

멀리까지 걸어서 온 아둘람 굴, 차라리 쉬는 것이 좋았을 것 같은 아쉬움을 뒤로한 채 올라온 이곳에서 하나님은 정말 거짓이 없는 분이심을 깨닫는다. 역시 이곳에서도 하나님의 것을 얻고 간다. 사진 한 장 찍지 않았지만, 이미 내 마음에 하나님과 아둘람 굴에서 멋진 사진을 찍고 간다.

5장

이스라엘 북부지역

약속의 땅을 향하여

갈릴리 호수를 걷다

정종균

"와! 갈릴리 호수다!" 그러자 옆에 있던 누군가가 말했다. "갈릴리는 바다가 아닌가요?" 그리고 보니 바다 같기도 했다. 항구가 있고 배가 다니고 있었다. 물결이 치고 있었다. 자그마치 남북의 길이가 21km, 동서가 11km이며 면적은 대략 166㎢에 이른다. 호수 둘레는 약 50km다. 그러니 바다라고 할만했다. 아니 눈으로 보기에는 정말로 바다였다. 끝이 보이지 않았다.

갈릴리 호수

성경에 보았던 말씀들이 생각이 났다. 어떤 곳에서는 갈릴리 바다라고 했다. 어떤 곳에서는 갈릴리 호수라고 했다. 그래서 한 번 확인해 보기로 했다. 우리가 아는 대로 바다라면 물이 짠맛이 날 것이다. 호수라면 짠맛이 없을 것이다. 손가락으로 물을 찍어서 맛을 봤다. 짠맛이 없었다. 그러면 갈릴리 호수가 맞네. 갑자기 이런 점이 현지를 여행하는 묘미라는 생각이 들었다. 직접 눈으로 보고 입으로 맛을 보는 것이다. 그렇지 않았더라면 서로 진실게임을 할 수도 있는 문제였을 터였다. "갈릴리 바다야!", "아니야 갈릴리 호수야!"

한 가지 의문이 들었다. 분명 물맛으로 보나 지형으로 보나 호수가 맞는데, 그러면 왜 바다라고 불렀을까? 성경학자들의 주장에 따르면 옛날 히브리인들은 크고 넓으면 바다라고 불렀다고 한다. 예를 들어서 성전 앞에는 놋바다라는 것이 있는데, 이것도 크다는 의미로 그렇게들 부른다고 했다. 이해되었다. 갈릴리 호수는 바다라고 부를 만큼 규모가 컸다. 그냥 호수라고 하기에는 남북의 길이도 동서의 폭도 너무나 넓었다.

그런데 여기서 새롭게 알게 된 사실 하나가 있다. 갈릴리 호수 밑에는 염분이 포함된 물로 채워진 층이 있다고 한다. 만약에 그 물이 위로 솟구쳐 올라오게 된다면 호수의 물은 이제는 식수로 쓸 수 없게 된다고 한다. 그래서 최소한 해수면 표고 선이 －214.87m를 유지해야 한다고 한다. 그러니까 만약에 그 밑으로 내려가면 염분을 포함하고 있는 물이 올라온다는 이야기가 된다. 정말로 아이러니하다는 생각이 들었다. 그래서는 안 되겠지만 어쩌면 호수가 바다가 될 수도 있겠다는 생각이 들었다. 갈릴리 호수 혹은 갈릴리 바다라는 말의 의미가 새롭게 느껴졌다.

갈릴리 호수에는 배들이 떠다니고 있었다. 항구도 많았다. 물은 그냥 마셔도 될 정도로 맑았다. 주변은 구릉지와 같이 나지막했다. 맞은편에는 제법 높은 산이 마치 병풍처럼 늘어서 있었다. 그리고 보니 갑자기 갈리리 호수에 폭풍이 일곤 한다는 글이 생각이 났다. 육지와 바다의 기온 차라고 했다. 가만히 앉아서 따스한 햇볕을 쬐면서 호수를 바라보는 것만으로도 충분히 힐링이 되는 것 같았다. 여행 중에 생긴 피로가 씻겨가는 것 같았다.

우리 예수님의 모습이 상상되었다. 베드로가 밤새 고기를 잡고자 했으나 한 마리도 잡지 못하고 그물을 씻고 있을 때였다. 예수님이 그를 찾아오셨다. 그리고 뭍에서 배를 조금 떼어 주기를 원하셨다. 베드로는 그렇게 했고 예수님은 밀려드는 사람들과 조금 사이를 떼시고 말씀을 전하셨다. 다 전하신 후 베드로에게 말씀하셨다. "깊은 데로 가서 그물을 내려라!"

이미 해는 하늘 높이 떠 있었고, 그 시각이면 깊은 곳에는 물고기가 한 마리도 없다. 베드로는 거기에서 잔뼈가 굵은 사람이다. 전문적인 어부다. "아닙니다."라고 해야 했다. 그러나 이렇게 대답했다. "말씀에 의지하고 그물을 내리겠습니다." 놀라운 일이 생겼다. 깊은 곳에서 물고기를 가득 잡게 된 것이다. 베드로 혼자 힘으로 부족했다. 옆에 있는 동료 어부들을 불렀다. 깜짝 놀란 베드로가 자기는 죄인이라며 예수님께 떠나시기를 구했지만, 예수님은 베드로를 제자로 불러주셨다. 그리고 네 이름이 시몬 이지만 장차 게바, 곧 베드로라고 부를 것이라고 하셨다.

그렇게 시작된 예수님의 갈릴리 주변에서의 사역은 성경

여러 곳에 기록이 되어있다. 어떨 때는 그곳이 육지가 아닌 갈릴리 바다였다. 밤 4시경 거센 물결 때문에 고생 고생하는 제자들에게로 다가오셨다. 물론 그 물 위를 걸어서 오신 것이다. 처음 본 광경인지라 제자들은 유령이라고 했습니다. 예수님은 "나다"라고 하셨다. 그러자 베드로가 말했다. "주님이시면 나를 물 위로 걸어오라고 하소서." 그리고 물결 위를 걷기 시작했다. 그는 바람을 보고 무서워서 빠져갈 때 소리를 질렀다. 예수님이 오셔서 베드로의 손을 잡으시며 말씀하셨다. "왜 의심을 하였느냐?"

십자가에 못 박히기까지 서너 해 동안 이어진 예수님의 공생애 기간 그 배경 무대로 빈번하게 등장하는 곳이 갈릴리 호수다. 예수님이 중풍 환자 등 몸이 아픈 이들을 고치고 일어서게 했던 마을 가버나움, 제자들의 깨우심을 받고 물결을 향하여 잔잔하여지라고 하셨던 곳 모두 갈릴리 호수와 그 주변에서 벌어진 이야기다.

대표적인 사건이 오병이어 기적이다. 보리떡 다섯 개와 물고기 두 마리로 성인 남자만 5,000명을 먹인 사건이다. 학자들은 이때의 성인들은 남자 성인을 이야기하는 것이 아니라고 한다. 유대인 성인식인 바르 미츠바를 한 13살 이상의 남자를 일컫는다고 한다. 그러니까 여자와 아이들까지 합친다면 족히 만 명이 되었을 것이다. 또한 예수님께서 베드로를 시켜서 물고기를 잡게 하시고 반 세겔의 성전세를 바치게 하신 곳도 이곳 갈릴리 바다였다.

갑자기 베드로가 잡았다는 그 물고기가 궁금했다. 마침 점심 식사 차 들른 식당이 베드로 물고기로 요리를 하는 곳이었다. 제법 컸다. 족히 30cm는 될 것 같았다. 생김새는 낯설지 않았다. 마치 큰 돔과 같았다. 누군가 금강산 구경도 식후경이라고 했던가? 그러나 먼저 갈릴리 바다를 구경하고 뒤에 먹는 베드로 물고기도 나쁘진 않았다. 가이드 왈 오늘따라 고기가 맛있게 구워졌다고 했다. 갑자기 성지순례를 하는 우리만이 그곳에 있다는 생각이 들지 않았다. 마치 예수님께서 함께 하시는 것 같았다. 잔잔히 파도가 치는 갈릴리 바다를 생각하노라니 예수님께서 이곳저곳을 다니시면서 전도하시는 모습이 눈에 선하다. "회개하라. 천국이 가까웠다."

거기에 여전히 갈릴리 호수가 있고 물결이 철렁거리고

있고 배가 떠다니고 있는 한 예수님의 사역은 계속되고 있을 것만 같았다. 사람이 되셔서 사람들을 찾아오셔서 천국을 전하여 주신 갈릴리에서의 그 사역은 계속해서 되어야만 한다고 말씀을 하는 것만 같았다. 다른 일로 분주해 있는 우리에게 사람을 낚는 어부가 되라고 하시는 것 같았다.

엘리야 선지자의 함성 속으로

정종균

　성지답사 8일째, 오늘은 갈멜산 엘리야 기념관을 가는 날이다. 아침부터 그 산으로 간다고 하니 가슴이 설렜다. 기독교인이라면 누구나 한번은 들었을 영적인 전투가 치러졌던 곳이었기 때문이다. 어떤 산일까? 어떤 모양을 하고 있을까? 얼마나 높은 산일까? 막상 가서 눈으로 본다고 하니 궁금증이 막 몰려왔다. 마치 소문으로만 들었던 장난감을 뜯는 아이와 같았다. 하지만 막상 그곳에 도착했을 때는 너무나 평범했다. 그곳까지 도로가 잘 닦여져 있었다. 쉽게 차로 도착할 수가 있었다.

　성경을 보면 갈멜산은 높은 산으로 표기가 되어있다. 가령 아모스 9:3절은 "갈 멜 산꼭대기에 숨을지라도 내가 거기에서 찾아낼 것이요."라는 말씀이 나온다. 당시 사람들이 가장 높은 곳에 올라와서 숨었다고 안심할 수 있었던 곳이었다. 실지로 그곳은 해발 500m 정도로 높았고 북서쪽으로 약 20km나 펼쳐져 있다. 그러나 우리나라에 웬만한 산들은 그 정도가 되었기 때문에 처음 본 인상은 그렇게 높은 산이 아니었다. 다만 주변에서는 그래도 꽤 높았다. 서쪽으로는 넓은 이스르엘 골짜기를 볼 수가 있었다. 그리고 그곳에 있는 기손 시내를 볼 수 있었다. 동쪽으로는 지중해와 샤론 평야가 보였다.

입구를 통해 엘리야 선지자 기념교회로 들어갈 수 있었다. 우선 첫 느낌은 주변 정경이 깔끔했다. 여기저기 앉아서 모임이나 예배를 드릴 수 있는 곳들이 보였다. 그리고 칼을 치켜들고 무섭게 서 있는 엘리야 선지자의 동상을 볼 수가 있고 왼발 아래에는 짓눌려진 바알 선지자 하나를 볼 수가 있었다. 성경에는 "네 원수로 네 발등상 되게 하기까지"라는 말씀이 나오고, 비슷한 말씀이 여러 곳에서 나온다. 마치 그 말씀을 보는 듯했다.

한 때, 그러니까 2800년 전 엘리야 선지자 시대에 있었던 엘리야 선지자와 바알 선지자 400명, 아세라 선지자 450명과 대결했던 영적인 전투였지만, 장차 어떤 시점에 있을 사건을 미리 보는 것 같았다. 세상에 신이라고 불리는 모든 것들이 거짓 것으로 드러나고 우리 하나님만이 참 신이시라는 선포를 미리 듣는 것 같았고 우리의 모든 대적이 발등상이 되는 그 장면을 미리 보고 있는 것 같았다. 한편 엘리야 선지자가 들고 있는 칼이 신기하게 느껴졌다. 모양이 구부러져 있었다. 처음에는 '그래 그 많은 거짓 선지자들을 쳤는데, 구부러질 만도 하지!'라고 생각했다. 그런데 뒤에 본 어떤 글에서는 그 칼은 번제물의 각을 뜨는 칼의 모양이라고 했다. 섣부른 해석은 위험할 수도 있다는 교훈을 받았다.

엘리야 선지자 동상 맞은편에 기념교회가 있었다. 그렇게 크지 않았다. 1층이었고 옥상으로 올라가는 계단이 있는 정도였다. 이 교회는 전통적으로 엘리야의 제단이 있었던 곳이라고 했다. 그리고 이곳은 불의 제단이라는 의미에서 무크라나라고 불렸다. 파괴된 십자군 교회 터에 1883년에 카르멜 수도회가 세워졌고 지금까지 유지 보수되고 있다고 했다. 교회 내부로 들어가 보았다. 전면에는 열두 개의 불에 탄 듯한 돌로 된 제단이 있었다. 그곳이 하나님의 불이 하늘에서 내려서 제물을 태웠던 곳이라는 사실을 보여주고 있었다. 우측 벽면에는 히브리어와 아람어로 만든 열왕기상 18장의 말씀이 기록되어 있었다. 엘리야가 바알 선지자 400명, 아세아 선지자 450명과의 영적 싸움에서 승리했다는 내용이었다. 우리 하나님이 하나님 되심이 드러난 싸움이었다고 했다.

다시금 이곳 갈멜산이 의미상으로도 신앙적으로도 얼마나 중요한 곳인가를 깨닫게 되었다. 후면에는 두 개의 성화가 걸려 있었다. 한쪽에는 엘리야 선지자가 그릿 시냇가에서 도피 중일 때 까마귀가 먹을 것을 가져다주는 성화였다. 다른 쪽에는 엘리야 선지자가 아합 왕의 아내 이세벨의 살해 협박을 피해서 호렙 산으로 피난하는 중에 브엘세바 근처에서 지쳐서 로뎀 나무 아래에 넘어져 있고 천사가 먹을 것을 주는 성화였다.

두 가지 생각이 머리를 스치고 지나갔다. 하나는 까마귀가 먹을 것을 물어다 주었다고? 하는 생각이었다. 또 하나는 엘리야와 같은 불의 선지자가 도망을 갔다고? 하는 생각이었다. 아마 누구라도 까마귀에 대해서 좀 안다고 한다면 가질 수 있는 생각이다. 또한 엘리야 선지자의 놀라운 사역을 조금이라도 알고 있다면 가질 수도 있는 생각이었다. 막상 그런 성화 앞에서, 그것도 갈멜산에서 보게 되니까 성경에서 볼 때와 사뭇 감정이 달랐다. 우리가 알고 있는 대로 까마귀는 게걸스러운 동물이다. 이것저것을 다 먹는 잡식성 동물이다. 남의 것도 빼앗아 먹는 동물이다.

그런데 그런 까마귀가 그의 입에 빵과 고기를 날마다 가져와서 엘리야 선지자를 줬다고 하는 것이 의아하기만 했다. 어떤 사람이 그렇게 훈련을 시켜서 될 것 같지 않았다. 우리 하나님만이 하실 수 있는 일이라고 여겨졌다. 그렇게 우연히 된 일이 아니라 우리 하나님이 시켜서 된 일이었구나! 하는 확신이 들었다. 우리 하나님이 하시는 일은 사람의 상상을 초월하신다는 생각이 들었다.

또 하나는 불과 몇 시간 전이었다. 하늘에서 불이 내려오고 제단을 핥은 사건이 불과 몇 시간 전이었고 바알과 아세라 선지자들이 죽임당한 사건이 불과 몇 시간 전이었다. 그런데 어떻게 엘리야 선지자는 이세벨의 위협에 그렇게 쉽게 주눅이 들고 도망을 칠 수가 있었을까? 그는 하늘에서 불이 내려오게 했던 불의 선지자가 아니었던가? 갑자기 실망스럽다는 생각이 들었다. 이렇게 약하디약한 사람이 어떻게 그 큰일을 할 수가 있었을까?

그리고 다시 그 성화를 보는 순간, 성경 말씀 하나가 떠올랐다. "하나님께서 세상의 미련한 것들을 택하사 지혜 있는 자들을 부끄럽게 하려 하시고 세상의 약한 것들을 택하사 강한 것들을 부끄럽게 하려 하시며"라는 고린도전서 1:27절 말씀이었다. '그래 맞다! 사람이 강해서 하나님께 쓰임을 받고 지혜로워서 택함을 받는 것은 아니지' 하는 생각이 들었다. 때론 나도 뭔가를 할 수 있다 하곤 하는데 착각이었다. 오랫동안 그 성화 앞에 서 있었다. 약함이 문제가 아니라 강하다고 여기는 그것이 정말로 큰 문제였다.

전에는 교회 내부에서 통성기도를 하기도 했지만, 최근에는 조용히 묵상 기도를 권한다고 했다. 잠시 묵상 기도를 하고 밖으로 나왔다. 교회 좌측에 옥상으로 올라갈 수 있는 계단이 있었다. 올라가 보았다. 이미 많은 사람이 구경하고 있었다. 순간 감탄사가 나왔다. 주변 경관들이 그렇게 잘 보일 수가 없었다. 친절하게 안내가 되어있었다. 전망대에는 여러 방향 표시를 해서 중요한 지명을 영어로 표시한 푯말들이 있었다.

갈멜산은 나무도 많고 아름다운 산이었다고 한다. 그래서 구약 성경 아가서에는 아름다운 여인의 머릿결을 두고 마치 갈멜산과 같다고 비유하기도 했다. 하지만 내가 본 갈멜산은 그렇게 나무가 많아 보이지 않았다. 아마 우리나라 산을 보다가 보니 그런 것 같았다. 마음속으로 산림이 울창했었던 갈멜산을 그려보았다. 손에 잡힐 듯이 가까이 보이는 기드론 시내도 바라보았다. 끌려가는 바알 선지자들과 아세라 선지자들, 높이 들린 엘리야 선지자의 칼, 치열했던 영적 전투의 승리 함성이 귀를 때리는 듯했다.

한 번은 꼭 와 보고 싶었던 곳이다. 보고 싶었던 것만큼 오랫동안 이곳이 기억에 남을 것 같다. 혹시 다음에 또 와서 보게 된다면 어떤 느낌이 들까 벌써 기대가 되었다. 물론 달라진 것이야 별로 없겠지만 영적인 각성만큼은 더 풍성해졌으면 좋겠다.

미래의 최후 전쟁터를 가다

정종균

이스라엘 땅에는 성경의 현장들과 역사적인 현장들이 많다. 그런데 아마 역사적인 의미보다는 상징성 때문에 유명한 곳이 있다면 아마겟돈이 그런 곳일 게다. 아마겟돈은 요한계시록 16 : 16절에 등장을 한다. "세 영이 히브리어로 아마겟돈이라는 곳으로 왕들을 모으더라." 이 구절 때문에 아마겟돈은 종말적 사건의 대명사가 된 것 같다.

차를 타고 므깃도를 가는 동안 마음이 무척 설렜다. 과연 므깃도는 어떤 곳일까? 어떻게 생겼을까? 장차 인류의 마지막 전쟁이 일어날 곳이라고 하니 보통 모습은 아닐 것이라는 생각이 들었다. 뭔가 특별한 모습을 띠고 있을 것으로 생각했다. 그러나 도착한 곳은 그렇지 않았다. 높은 산도 아니었다. 그렇다고 그렇게 넓지도 않았다. 평범하다 못해서 너무나 작고 왜소하게 보였다. 처음 인상은 '아니 여기가 므깃도라고?' 할 정도였다. 나지막한 언덕이 텔 므깃도라고 했다. 여기서 '텔'은 '언덕'을 말한다. 머리를 둔기로 맞는 기분이었다. 작은 언덕처럼 보이는 저곳이 므깃도라고 했다. '과연 여기가 성경이 말하고 있는 거기가 맞을까?' 하는 의문이 들었다.

므깃도

불현듯 마지막 때에 대한 성경 말씀이 생각이 났다. 구약의 노아 때와 같을 것이라고 하신 예수님의 말씀이다. "홍수 전에 노아가 방주에 들어가던 날까지 사람들이 먹고 마시고 장가들고 시집가고 있으면서 홍수가 나서 그들을 다 멸하기까지 깨닫지 못하였으니 인자의 임함도 이와 같으리라.", "그 때에 두 사람이 밭에 있으매 한 사람은 데려가고 한 사람은 버려둠을 당할 것이요 두 여자가 맷돌질을 하고 있으매 한 사람은 데려가고 한 사람은 버려둠을 당할 것이니라." 모두가 어떤 특별한 날이 아닌 평범한 일상에서 마지막이 올 것이라는 말씀이다.

그리고 이런 시각에서 다시 텔 므깃도를 보니까 특별하지 않은 그것이 더 특별하게 여겨졌다. 평범한 속에 숨겨진 우리 하나님의 비범하신 섭리가 느껴졌다. 마치 겉모양만 보고 판단하지 말라고 하시는 것 같았다.

그런데 왜 '아마겟돈'이라는 이름이 '므깃도'라고 변했을까? 아마겟돈은 구약 히브리어이다. 신약성경은 헬라어로 기록이 된 책이다. 그러니까 히브리어 아마겟돈이 헬라어로 므깃도로 음역 된 것임을 알 수가 있다. 아마겟돈을 헬라어 본문 그대로 읽으면 '하르 마겟돈'이다. 이 헬라어는 히브리어 '하르 므깃도'를 그대로 음역한 것이다. 뜻은 '므깃도의 산'이다. 아무튼 이름만큼은 무시무시한 것 같다. 인류의 마지막 전쟁이 일어날 곳이라고 하니까 그러는 것 같다. 전쟁이라는 말만 들어도 무섭지 않은가? 그런데 마지막 전쟁이 될 것이라고 하니 얼마나 무섭겠는가?

'텔 므깃도'는 고대 중요 도로였던 국제 해안도로가 지나가는 길목이었다. 해안을 따라 올라오던 이 도로는 갈멜 산지를 만나서 몇 가지 간선도로로 갈라진다. 그것 중 갈멜 산지의 가운데에 있는 '이론 골짜기'를 통과하는 곳에 텔 므깃도가 있다. 바로 해안도로가 통과하는 길목이다. 그래서 텔 므깃도는 전략적으로 매우 중요한 곳이다. 게다가 텔 므깃도 앞에는 비옥한 이스르엘 평야가 펼쳐져 있다. 그러니까 텔 므깃도는 중요한 곡창지대인 이스르엘 평야를 지키기 위한 필수적인 장소이기도 하다. 이런 지정학적인 위치 때문에 이곳 텔 므깃도에서는 많은 크고 작은 전쟁이 치러졌다.

가까이 가서 본 므깃도는 멀리서 본 모습과는 사뭇 달랐다. 마치 그곳 전체가 요새화되어 있다는 느낌을 받았다. 하나의 거대한 성이었다. 북쪽이 그 성으로 들어오는 문이라고 하는데, 4개의 경비대가 생활을 할 수 있는 공간이 있었다. 1개의 방에 10명만 생활을 하고 있었다고 해도 40명이나 되는 군사들이었다. 그리고 거기는 곡식을 저장할 수 있는 깊고 넓은 우물과 같은 저장고가 있었다. 한쪽 벽면으로는 내려가는 계단이 있었고 다른 쪽 벽면에는 올라오는 계단이 나 있었다. 또 거기에는 우물이 있었다. 일정 깊이 땅으로 들어가다가 옆으로 길게 통로처럼 만들어져 있었다. 만약을 위한 조치로 성 밖에서 물을 끌어오고 있었다. 그밖에도 거기에는 기마병과 전차를 두는 곳이 있었다. 이곳 므깃도에서 마구간이 두 개가 출토되었다고 한다. 모두가 전쟁과 연관된 것들이었다.

그런데 므깃도에는 이처럼 고고학적인 증거만 있는 것은 아니다. 성경에도 므깃도와 관련된 전쟁에 대한 여러 증거가 있다. 가령, 열왕기상 9:15 절에 솔로몬이 진행했던 다양한 건축 사업이 요약되어 있는데 이곳에 므깃도가 등장한다. 솔로몬은 하솔, 므깃도, 게셀을 건축했다. 열왕기상과 역대하에 보면 솔로몬이 건축한 병거성에 대한 언급이 있다. 그래서 학자들은 이 세 성읍 하솔, 므깃도, 게셀을 솔로몬이 건축한 병거성으로 보고 있다. 병거성이란 병거, 즉 기마병과 전차를 두는 곳이다. 그리고 이처럼 므깃도가 병거성으로 사용되었다는 것이 아마겟돈이라는 묵시적 개념을 형성하는 데 영향을 미친 것으로 보인다.

이후 기원전 7세기 말에 앗수르 제국의 세력이 약해지자

이집트의 바로느고는 세력을 확장해서 앗수르로부터 하란을 점령하기 위해 기원전 609년에 군대를 일으켜 갈그미스로 진격했다. 이때 이스라엘의 왕이 요시야였다. 요시야는 이스라엘 지역에서 이집트의 영향력이 커지는 것을 막고 앗수르 왕을 돕고자 바로느고의 길을 막아섰다. 바로느고는 요시야와 싸우기를 원치 않았다. 앗수르와의 전투 이전에 전력을 낭비할 이유가 없었기 때문이다. 그래서 바로느고는 요시야에게 사신을 보냈지만, 요시야는 이를 거부했다.

역대하 35:22절에 의하면 요시야는 이곳 므깃도 골짜기에서 바로 느고와 대항해서 전투를 벌였다. 요시야는 이 전투에서 화살을 맞고 상처를 입어 예루살렘으로 옮겼지만 끝내 전사했다고 했다. 그런데 열왕기라 23 : 29절에 의하면 요시야는 이곳 므깃도에서 전사했다고 했다. 이 두 본문의 언급이 조금 다르지만 분명한 것은 요시야는 이곳 므깃도에서 바로 느고와 대항하다 전사했다는 것이다.

왜 요시야는 이곳에서 바로 느고에게 대항했을까? 그것은 이 므깃도가 큰 대군이 지나가는 길목이었기 때문이다.

그러니까 어떤 의미에서 이곳 므깃도에서 예로부터 많은 전쟁이 있었으므로 상징적인 의미로 마지막 인류의 전쟁도 이곳 므깃도에서 일어날 것이라고 했는지도 모른다. 그러나 성경은 성경이다. 세상을 주관하시는 하나님의 말씀이다. 장소 또한 그곳이 될 수도 있을 것 같았다.

 그러므로 우리는 이 장소를 생각할 때마다 깨어 있어야 한다. 다시 오실 예수님을 잘 기다려야 한다. 마치 솔로몬 시대에 그곳에 병거성을 만들고 항상 전쟁을 대비했듯이 항상 그 날을 바라보고 준비하는 신앙생활을 해야 한다. "깨어 있으라. 내가 너희에게 하는 이 말은 모든 사람에게 하는 말이니라 하시니라."(막 13:37)

6장

요르단

약속의 땅을 향하여

페트라, 바위를 깎아 지은 걸작품

정인균

20세기 7대 불가사의 중 하나인 페트라는 요르단의 가장 소중한 보물이다. 페트라는 그리스어로 '바위'를 의미한다. 협곡에 있는 대부분 도시의 건물들은 암벽을 파거나 깎아서 만들었다. 페트라는 요르단의 수도인 암만에서 남쪽으로 200㎞ 떨어진 기원전 8세기경 에돈 사람들에 의해 세워진 도시이다. 페트라는 B.C 6세기경 나바테아인들에 의해 사막 한가운데에 지어진 고대 산악 도시이다. 살 수 없을 것 같은 황량한 환경에서도 급수 시설과 극장, 목욕탕과 같은 건물들이 있는 현대 도시 못지않았다. 지금까지 페트라 전체의 1/4만 발굴되었으니, 아직도 베일에 싸인 신비의 도시이다.

페트라는 왕의 대로변에 있는 나바티아 왕국의 수도였다. 나바티아 왕국은 지속적인 풍화로 만들어진 계곡에 세워졌다. 나바티아인들은 이곳에 정착함으로써 상업을 발전시켰으나 무역은 쇠퇴했고 역사에서 잊혀졌다. 당시 교역을 위해 이곳을 지나는 낙타와 상인의 조형물이 남아있다. 세월이 흐르며 풍화작용은 극히 일부만을 남겼지만, 교역의 중심지로 페트라가 어떠했는지 짐작하기에 충분하다. 그러나 기원전 1세기 로마의 침공을 받으면서 세력이 점차 약해지기 시작했고 결국 로마의 식민지가 되었다. 한때 교역의 중심지 역할을 했던 페트라는 점차 쇠퇴하다가 결국 로마에 점령당했고, 6세기 지진으로 도시 전체가 파괴되었다. 페트라는 1812년 스위스 탐험가 요한 루트비히 부르크하르트에 의해 세상에 알려졌다. 15년 후, 영국 고고학자들은 발굴 작업을 시작했고, "페트라"라고 불리는 걸작의 존재를 세상에 드러냈다.

페트라는 바위로 만들어져 있어 물을 찾을 수 없다. 식수를 사용하기 위해 깊고 험준한 협곡에 물을 끌어들였다. 사람과 동물이 마실 수 있는 수로를 만들어 사용하는 것은 매우 현명한 일이다. 페트라의 중심부로 진입하기 위해서는 좁고 긴 절벽으로 둘러싸인 협곡을 통과해야 했다. 길이가 1.2km에 이르는 거대한 시크(As-Siq)길을 통과했다. 시크 길을 걸으며 절경에 감탄했다. 과거 대상들이 드나들었던 교역로로 볼 수 있는 상인과 낙타 부조의 모습을 발견할 수 있다. 신비로운 붉은 사암으로 가득한 협곡을 지나서 웅장한 알카즈네를 볼 수 있었다. 자연이 만든 조형물이자 사람이 만든 부조물인 트레주리로 불리는 알카즈네는 세계적인 문화유산인 페트라를 대표한다.

페트라 알카즈네

어떻게 큰 바위가 이렇게 멋진 궁전을 만들기 위해 조각되었는지, 바위를 깎는 데 얼마나 오래 걸렸을지 상상조차 할 수 없다. 비잔틴 교회도 발굴 중이다. 원래 르우벤 부족에게 분배되었다고 한다. 거대한 바위들이 구조적 변동으로 쪼개지면서 자연스럽게 만들어진 이 협곡은 적의 침입으로부터 도시를 방어하기에 최적의 조건을 갖추고 있다. 협곡에서 안전하게 도시를 건설한 나바테아인들의 지혜가 엿보인다. 조각되고 다듬어진 기둥과 정교한 조각들을 보고 아름다움에 매료된다. 붉은 사암이 바위의 거대한 틈 사이로 계곡을 형성했다.

현대에 와서 당시의 건축양식을 재현하려는 시도가 있었지만 거듭된 실패는 페트라를 신비의 도시로 남겼다. 영화 인디애나 존스, 트랜스포머, 한국 드라마 미생의 촬영지로 더욱 유명해진 알카즈네는 지진에도 불구하고 페트라에서 가장 완벽하게 보존된 건물이다. 이렇게 정교한 건물이 돌을 깎고 다듬는 작업만으로 만들어지다니 믿을 수가 없었다.

나바테아 대로로 불리는 파사데 거리 안쪽으로 들어가면 고대 로마 극장과 왕가의 무덤군이 나온다. 시간 관계상 직접 가보지는 못했다. 나바테아인들이 붉은 사암을 통째로 잘라내어 3,000여 명을 수용할 수 있는 거대한 원형극장을 만들었다. AD 106년경 로마인들이 페트라 지역에 들어와 8,500여 명이 관람할 수 있는 원형극장으로 확장했다. 요르단 수도 암만에 있는 원형극장보다 규모가 크다. 이렇게 넓은 지역을 차지한 로마가 지은 수많은 원형극장 가운데 바위를 깎아 만든 원형극장은 이곳이 유일하다는 말이 더욱 의미가 깊다. 붉은 사암의 힘과 광대한 주변 환경이 어우러져 웅장함을 자랑한다.

　큰 번영을 누렸던 나바테아인들이 세운 신비의 도시 페트라! 이곳을 보면 번영과 몰락은 언제 어디서나 적용되는 자연의 법칙임을 느낄 수 있다. 내 인생에서 더 겸손해야 한다는 것을 깨달을 수 있었던 이번 요르단 여행은 오랫동안 잊지 못할 여행으로 기억되어 진다.

붉은 바위성 페트라

손미숙

페트라의 역사

페트라는 바위라는 뜻을 지닌 붉은 사암 절벽을 파내거나 깎아서 만든 협곡으로 이루어진 고대도시이다. 에돔 족속의 시조는 에서이며 그들은 자연 동굴이나 바위를 파서 만든 집에 살면서 적들의 공격을 방어하며 살았다. 따라서 그들의 도시는 아무도 접근할 수 없는 난공불락의 요새였다. 오바댜서에서 보면 에돔 사람들은 바위틈에 거주하며 높은 곳에 살면서 교만하였고 출애굽 할 때 이스라엘이 자신들의 영토를 지나지 못하게 했고 유다가 멸망 당할 때 방관하며 기뻐하고 조롱했다고 했다. 교만을 싫어하시는 하나님이 이들을 가만두고 보지 않으셨다.

기원전 6세기경 아라비아반도에 정착한 유목민족으로 중

국, 인도, 이집트와 로마를 오가며 향유와 비단을 팔아 부를 이룬 나바테아인 보부상들이 보따리에 무기를 가지고 들어와서 이 난공불락의 요새를 함락시키고 페트라를 세웠다. 아무도 예상치 못한 일이었다. 폭 3m이고 길이는 1km 이상 되는 높은 협곡을 지나야 들어갈 수 있으니 어떤 군대도 들어올 수 없다고 생각했다. 계속 거래하던 나바테아인 보부상들이 한 사람씩 들어올 때 그들이 모여 군대를 이룰 거라고 누가 생각이나 했겠는가. 교만이 얼마나 무서운 병인지 철저히 깨닫게 한다. 그리고 에돔을 향한 구약의 선지자들을 통해 말씀하신 하나님의 말씀도 그대로 이루어짐을 본다. 하나님의 능하신 손 아래서 항상 겸손해야겠다.

나바테아인들은 왕의 대로를 장악하면서 아라비아의 거상으로 부상했고 페트라는 아시아와 아프리카 교역의 중심지가 됐다. 하지만 로마 제국에게 106년 점령당한다. 나중에 페트라는 동로마가 통치하게 됐는데 동로마는 무역의 중심지를 페트라에서 시리아의 팔미라로 옮겼고 페트라는 점점 쇠락의 길을 걷게 되었다

6 -7세기에 발생한 대지진은 도시를 집어삼켰고 사람

들은 다른 지역으로 이주했다. 오래 잠들어있던 전설 속 도시는 1812년 스위스의 요한 루트비히 부르크하르트에 의해 그 유적이 발견되었다.

우리가 만난 페트라

페트라 입장료는 우리 돈으로 십만 원. 꽤 비싸다. 출발하는 곳에 천과 조각품 등을 파는 가게들이 있었다. 우리는 길 양쪽에 깎아 세운 듯한 붉은 거대한 협곡의 바위들을 눈에 담으며 걸어갔다. 말이나 낙타를 타고 들어가는 사람들도 있었다. 걸어가는데 폭이 좁은 곳도 있고 넓은 곳도 있다. 가이드가 "이 바위는 코끼리 바위입니다" 한다. 조금이라도 연상시킬 것이 있으면 바위에 이름을 붙여 놓고 부르는 게 동심으로 돌아간 것 같아 즐겁다.

페트라 코끼리 바위

길 양쪽에 과거에 만들었다는 수로도 보이고 우리가 밟고 가는 돌길이 닳을 정도로 수많은 사람이 오간다. 걸어 들어가면서 '나바테아인들도 보따리 짐 지고 이렇게 걸어 들어갔겠지?' 하나님도 하늘에서 그들의 움직임을 보고 계셨을 거란 생각에 페트라 바위틈을 희열을 느끼며 걸었다. 교만의 끝은 심판인데 왜 사람들은 교만한 것일까? 구약에 나타난 나라들의 흥망성쇠가 거울이 되어 오늘을 비춘다.

고개를 돌려 위를 보면 아름답고 신비로운 거대한 붉은 바위들. 하나님 창조의 손길을 느끼게 했다. 우리나라 홍도가 오밀조밀한 기암괴석의 아름다움이라면 여기는 하나하나가 그저 거대한 붉은 돌 바위의 아름다움이다. 가는 중간중간 가이드가 설명한다. 놓치지 않으려고 부지런히 따라가다 보니 긴 협곡이 끝나고 암벽을 파서 만든 거대한 파라오의 보물창고 알카즈네가 바로 앞에서 인사를 한다. "와! 우리 키의 몇십 배는 되겠네." 되게 높다. 높이 43m 넓이 30m의 암석을 망치와 정으로 조각해서 헬레니즘 건축양식으로 만들었다고 한다. 붉은 바위에 어떻게 저런 건물을 지었을까? 저렇게 지어놓고 그 높은 바위틈에서 교만을 부렸을까?

형제국임에도 멸망을 기뻐하던 에돔을 응징하셨던 하나

님의 숨결을 느껴본다. 때로 되었다 하며 높이 올라 교만한 우리 인생들의 모습이 이런 건 아닐까? 그 거대한 신비 앞에서 여러 생각이 오갔다.

낙타를 배경으로 사진도 찍으며 잠시 여유 시간을 가졌다. 그 건물을 돌아서 뒤로 가면 붉은 절벽을 깎아 세운 많은 건물들이 있었다. 정말 대단하다. 대상들이 사막을 건너와서 쉬어가며 교역이 이뤄졌던 시장, 사람들이 암벽을 파고 살았던 집들이 있었다.

우리는 깊이 들어가지는 못하고 발길을 돌렸다. 다시 걸어 나오면서도 자꾸 뒤돌아봐진다. 많은 교훈을 얻고 돌아가게 한 아름다운 페트라여 안녕!

모자이크의 도시, 마다바(메드바)

정인균

    요르단의 수도 암만에서 남쪽으로 30km 지점에 위치한 마다바는 1500년 된 현존하는 가장 오래된 성서 모자이크 지도로 인해 모자이크 도시로 유명하다. 고대 메드바는 오늘날 요르단 국가의 마다바(Madaba)이다. 마다바(메드바)는 '고요함의 물, 고요히 흐르는 물'이라는 뜻이다. 이 도시는 3,000년 넘게 요단강 동편 주요 대상로로 사용되었다. 북쪽의 다메섹에서 남쪽의 아카바만(the Gulf of Aqabah)으로 이어지는 "왕의 대로"(King's Highway)에 위치 해 있다. 여리고로 통해 요단강 서쪽으로 가는 가장 중요한 길목이다. 아모리 족속이 차지했던 메드바는 사해 북쪽 끝에서 동쪽으로 수평선을 그으면 만날 수 있는 지점에 있다. 모세가 약속의 땅 가나안에 들어가지 못하고, 마지막으로 가나안 땅을 바라보았던 느보산

근처에 있다.

　이곳은 원래 모압 왕국에 속했다가 아모리 사람들에게 정복당했다. 모세가 이스라엘 백성을 이끌고 이집트에서 가나안으로 향하던 중에, 모세는 당시 이 땅을 점령하고 있던 아모리 왕국의 시혼 왕에게 사신을 보냈다. 아모리 왕국 영토 안에 있는 왕의 대로를 통과할 수 있게 허락해 달라고 요청했지만, 시헌 왕은 이를 거절했다. 아모리 왕국의 시혼 왕이 군대를 이끌고 모세가 이끄는 이스라엘 백성과 싸우다가, 이스라엘이 이 전투에서 승리하여 점령한 아모리 사람들을 말살하고, 이 전투를 포함한 주변의 모든 도시를 점령했다. 이스라엘이 가나안 땅을 정복한 후에, 이스라엘의 열두 지파 가운데 하나인 르우벤 지파가 분배받았다. 이 지역은 비옥한 땅과 풍부한 물과 농업과 목초 재배가 잘 되어있어 사람이 살기에 적합한 지역이었다.

　AD 106년 로마가 메드바를 정복하고 기독교가 전파되었다. 로마의 탄압을 받아 많은 기독교인이 순교했다. 4세기에 기독교가 공인되었고, 7세기까지 많은 교회가 세워졌다. 5세기부터 이곳에 주교가 임명되어 관리되었다. 기독교 도시로 번성

했던 메드바는 7세기 중반 요르단, 팔레스타인, 시리아에 큰 영향을 미친 대지진으로 파괴되어 1,000년 이상 황폐했다.

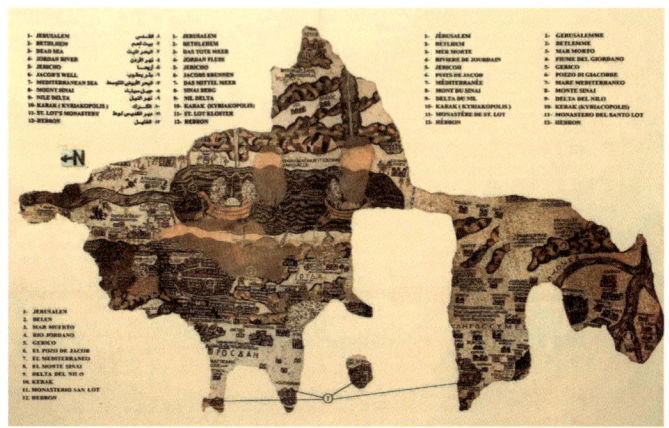

성 조지 그리스 정교회 모자이크 지도

　AD 1800년대 후반, 약 2,000명의 기독교인이 마다바의 남쪽 80km에 있는 캐라고 도시에서 무리를 지어 이주했다. 전체 아랍 지역을 통제했던 오스만제국은 도시를 재건하는 이주자들이 지진으로 무너진 이전 교회의 자리를 찾고 교회를 건설할 수 있도록 허용했다. 1896년에 설립된 성 조지 그리스 정교회를 건축하는 동안 비잔틴 시대 교회의 모자이크 지도를 발견했다. 그것은 마다바 지도(Madaba Map)라고 불리는 모자이크 지도이다. 성 조지 교회 예배당의 바닥을 장식한다. 그것은 2백만 개 이상의 알록달록한 돌로 만들어진 세계에서 가장 오래된 16 x 6m 지도이다. 일부는 손상되었고 전체 지도의 약 3분의 1이 남아있다. 이 모자이크의 예루살렘 지도에서 마다바 지도는 대략 542년에서 570년 사이에 만들어졌다. 이것은 마다바 지도가 542년에 봉헌된 예루살렘의 네아 교회를 보여주지만, 570년에는 건물이 지어지지 않았기 때문이다. 마다바 지도는 북쪽의 레바논, 남쪽의 이집트, 서쪽의 지중해, 동쪽의 황야를 묘사하며 예루살렘을 세계의 중심으로 보고 있다. 성경적이고 고고학적인 용어로 가장 중요한 가치인 예루살렘, 사해, 요르단강, 예수 그리스도의 침례지, 아르노강, 시내산, 나일강이 선명하게 남아있다. 주일 예배 동안에는 바닥의 모자이크를 덮고 손상을 방지하기 위해 예배를 드린다. 우리는 평일에 교회를 방문해서 모자이크 지도를 볼 수 있었다.

느보산에서 흘린 모세의 눈물 본다

이영수

이스라엘 성지순례 시즌은 2월~4월이다. 이스라엘 성지순례의 목적은 개인의 신앙과 종교에 따라 다르다. 전반적으로 이스라엘 순례는 많은 사람에게 그들의 영성을 깊게 하고, 그들의 종교적 유산과 연결하고, 그들의 믿음에 대한 더 나은 이해를 얻을 기회를 제공하는 변화된 경험을 하게 한다.

느보산은 요르단의 수도 암만에서 남서쪽으로 약 35㎞ 떨어진 곳에 있는가. 느보산은 '비스가산' 혹은 '시야가(Siyagha)산'이라고도 하는데 아바림 산맥에 있는 산이다. 해발 817m의 산지이다. 느보산 정상에서는 요단 계곡, 사해를 가로질러 예루살렘과 베들레헴의 상부를 볼 수 있다. 모세는 느보산에 올라가서 약속의 땅을 보았고 죽었고 모압의 한 계곡에 묻혔다. 모세가 가나안 땅을 바라보았다는 비스가는 느보산의 세 번째 봉우리인 시야가로 알려져 있다. 비스가는 느보산에서 가나안 땅을 바라보기에 가장 전망이 좋은 곳으로 그리 높지 않으며 서쪽에 있는 사해와 쿰란, 어리고 와 요단강을 다 바라볼 수 있는 산이다.

성지순례 코스 중에 느보산은 우리에게 특별한 의미를 갖게 해준다. '모세는 왜 이스라엘 백성에게 허락된 약속의 땅 가나안 입성이 거부되었을까?' 하는 의문점이 있어서 느보산은 꼭 가보고 싶은 성지이다. 가슴이 답답할 때마다 요르단에 있는 느보산에 오른다는 어떤 선교사님의 말씀을 들은 적이 있다. 그 산에서 모세의 심정을 헤아려 보며 이런저런 일로 상한 마음을 추스르곤 한다고 했다. 느보산은 모세가 이스라엘 백성과 광야 40년 여정을 마감한 곳이자 이 땅에서의 삶을 마감한 곳이다. 하나님의 명령을 따라 그 산에 올랐던 모세의 심정은 어땠을까? 그야말로 만감이 교차했을 것이다. 약속의 땅을 바로 앞에 두고 바라보면서도 정작 그 땅을 밟지 못할 것을 끝내 확인한 곳이었기 때문이다.

더군다나 성경은 모세가 숨질 때 120세였지만 그의 눈이 흐리지 않았고 기력이 쇠하지 않았다고 기록한다. (신 34:7) 젊었을 때처럼 진두지휘하기에는 조금 부족했을지 몰라도 그에게는 여전히 하나님과 그의 백성을 위해 일할 수 있는 지혜와 힘이 남아있었다. 그렇다고 한다면 모세는 한 번쯤 하나님께 간청할 수도 있지 않았을까. 한 번만 더 기회를 주시라고, 이 백성들을 위해서라도 가나안땅 초입까지만 이라도 밟을 수 있게 해달라고 기도했을 법도 하다. 그래서 모세는 하나님께 마지막 기도를 올린다. 모세의 심정을 과연 헤아릴 수 있을까? "구하옵나니 나를 건너가게 하사 요단 저쪽에 있은 아름다운 땅, 아름다운 산과 레바논을 보게 하옵소서"하되 여호와께서 너희 때문에 내게 진노하사 내 말을 듣지 아니하시고 내게 이르시기를 "그만 해도 족하니 이 일로 다시 내게 말하지 말라"(신 34: 4~5)

왜 모세는 가나안 입성이 거부되었을까? 성경에 의하면 므리바 지역에서 백성들이 물이 없으므로 모세를 원망한 사건이 나온다. "여호와께서 모세와 아론에게 이르시되 너희가 나를 믿지 아니하고 이스라엘 자손의 목전에서 내 거룩함을 나타내지 아니한 고로 너희는 이 회중을 내가 그들에게 준 땅으로 인도하여 들이지 못하리라 하시니라"(민

수기 20:12)에서 모세의 가나안 입성이 거부당한 이유를 분명히 하나님은 말씀하신다. 하지만 모세의 애절한 마음은 "하나님 이스라엘 백성들도 들어가는데 왜 나는 그곳에 못갑니까? 그동안의 광야의 모진 아픔을 다 견디며 사명에 순종하였는데 왜 저는 그곳에 갈 수 없습니까?" 한 맺힌 절규의 기도를 드린다. 이 문제가 나에게는 큰 의문점이었다 백성들도 들어가는 가나안 입성이 충복인 모세는 왜 거부되었을까 하는 커다란 의문점이었다. 모세는 너무 억울해서 한없이 눈물을 흘렸으리란 생각에 가슴속 멍멍함을 지울 수가 없다. 하지만 하나님은 단호히 모세의 청을 거부한다. "그만해도 족하니 이 일(가나안 입성)로 다시는 내게 말하지 말라" 사랑의 하나님께서 공평하신 하나님께서 저울추에 달아 보아도 백성들보다는 모세가 몇 배 더 훌륭하다. 모세의 출생부터 사명 완수에 이르기까지 모진 풍상과 원망을 다 겪었는데 왜 모세는 입성이 거부되었을까? 단지 므리바 지역의 물 사건이 그렇게도 가나안에 입성하지 못할 만큼 큰 이유가 되었을까? 이런 의문이 계속 풀리지 않았는데 예정하신 모세의 사명 한계를 깨닫고 나니 그 의문점들이 봄 눈 녹듯이 깨끗이 녹아내렸다. 모세의 이름은 물에서 건져냈다는 뜻이다. 애굽의 노예통치에서 하나님께서 계획하신 유월절 양의 피로 애굽의 노예 굴레에서 구원해 내는 일이 모세를 보내신 하나님의 계획이었다. 모세는 사명의 한계를 다함으로 눈과 기력이 쇠하지 않았어도 충분히 가나안 땅에 들어갈 여력이 남아있음에도 불구하고 가나안 땅 입성 약속은 여호수아의 사명으로 넘어간다. 그래서 구약 약속의 큰 틀인 두 축이 모세의 구원과 여호수아의 가나안 입성으로 연결이 된다. 다시 말하면 죄에서 인간을 구원하신 예수 십자가의 구원 역사가 모세의 역사와 동일하고 또한 여호수아의 역사가 마지막 때 심판 후에 우리를 천국에 입성하게 하실 그리스도의 역사와 동일하다. 즉 모세의 사명이 예수님의 사명이고 여호수아의 가나안 입성의 사명이 그리스도께서 심판을 통한 우리의 천국 입성의 사명으로 연결된다. 나는 이 사명의 역사를 깨닫고 모세의 애틋한 처절한 눈물의 고백 '나도 그리로 건너가게 하옵소서' 하는 느보산에서의 눈물을 단호히 거절하시는 하나님의 마음을 읽을 수가 있었다. 모세의 생애를 통해 이루어 가시는 하나님의 놀라우신 사명의 한계점을 깨닫고 순종할 수밖에 없는 느보산 모세의 눈물을 이해하게 되고 그 이후로 모세는 사명의 한계를 깨닫고 다시는 이 일로 기도하지 않고 당당히 죽음을 맞이하게 된다.

느보산에 오른 모세의 눈물은 사명자의 한계를 깨달은 외로운 눈물이었다. 우리는 이 의미를 깨닫고 모세의 간절하고 애틋한 기도가 오버랩되어 한없이 속으로 눈물을 흘릴 수밖에 없었다.

택함을 받아 부르심을 입은 우리. 모세가 흘리는 느보산 사명의 한계의 눈물을 헤아릴 자 얼마나 될까? 이번 우리에게 주어진 성지순례의 일정 중에 모세의 시내산 사명과 느보산 통한의 눈물. 그 사명의 한계를 이해하므로 개인적으로 큰 거인의 발자취를 더듬어 보는 소중한 시간이 되었음을 감사드린다. 한 팀이 되어 같은 마음으로 출발하여 무사히 하나님이 주신 은혜를 깨닫고 돌아온 성지순례는 정말 행복한 여정이었음을 감사드린다.

에필로그

약속의 땅을
향하여

7인 작가 후기

이영수

내 생에 꼭 해 보고 싶은 마음에 간직하고 있었던 '버킷 리스트(bucket list)'를 기회가 되어 동료들과 함께 이루게 되어 감사드린다. 쉽지 않은 과정들 -시간과 노력으로- 함께 해 주셔서 깊이 머리 숙여 감사드린다.

하나님의 부르심을 받은 목회자로, 성언운반(聖言運搬)의 거룩한 사명을 감당하기 위해 늘 기도하는 중에 구약 역사의 현장 그리고 예수님 생애의 현장을 눈으로 보고 가슴으로 느끼며 직접 체험한 복음의 현장 눈과 가슴에 고이 간직하고 돌아왔다. 혹여라도 이번 글들이 잘못된 안내가 없도록 심혈을 기울였으나 부족함이 보일 수도 있다. 독자들의 양해를 구한다.

알고 보면 우리는 모두 하나님의 부르심을 받은 서명자로 이 땅에 사명을 이루어가는 길동무들이다. 독자분들의 건강과 평화를 주의 이름으로 축복한다.

정종균

직업이 목사인지라 평소에 설교문은 작성을 많이 해 보았다. 그러나 이처럼 글을 써서 남이 보고 읽도록 해 본 적은 없다. 기행문은 더더욱 그렇다. 되도록 많은 정보를 넣어서 쓰려고 하다가 멈추었다.

몇 가지만이라도 기억하고픈 점을 쓰고 싶었다. 그렇다 보니 수박 겉핥기식이 된 느낌이다. 읽은 사람에 따라서는 그 많은 현장 중에서 이것들밖에 보지 못했을까? 할 것 같다. 누구나 느낄 수 있는 것이 아닌가? 할 것 같다.

자신도 작품이라고 할 수 없다. 그래도 한 번쯤 그곳을 다녀온 사람이라면 이 글을 읽으면서 다시금 그 현장들을 떠올려보았으면 좋겠다. 내가 만약에 글을 쓴다면 이렇게 쓰고 싶다고 생각했으면 좋겠다. 그 현장들을 다시금 생각나게 하는 불쏘시개가 되었으면 한다.

정인균

하나님이 약속하신 땅을 향하여 성지 순례의 길을 다녀와서 함께 글을 쓸 수 있어 감사하다. 이번이 두 번째 성지순례의 길인데, 첫 번째에 보지 못했던 것들을 경험하지 할 수 있는 귀한 시간이었다. 목회한 지 30년째가 되었는데, 하나님이 주신 선물이었다.

고대 문명의 발상지 나일강의 고대도시 카이로, 세계 3대 종교의 성지인 예수님이 보시고 눈물 흘리신 〈예루살렘〉, 예수님이 가장 많이 사역하셨던 갈릴리, 성경 상의 셀라이자 세계 7대 불가사의 고대도시 페트라, 비잔틴 시대의 대표적인 기독교 도시 마다바, 모세가 가나안 땅에 들어가지 못하고 죽은 느보산 등 하나님의 숨결을 느낄 수 있는 순간이었다.

지쳐있던 목회 가운데 쉼을 허락해주시고, 하나님의 사

랑과 은혜를 경험하게 했다. 주님이 걸어가신 그 길을 생각하면서, 목회의 여정 속에서 주님이 맡겨주신 사명을 가슴에 품어야겠다.

남대웅

은혜와 감동의 역사를 써 내려갔던 성지순례를 마치게 되었다. 이 모든 영광을 하나님께 올려 드린다. 목사님과 사모님들이 함께 했던 성지순례는 새로운 생명을 공급받았던 시간이었다. 이동 시간이 성지순례만큼 힘들었지만, 그럼에도 곳곳에 세워진 하나님의 은혜가 예비 되었음을 경험했다.

총책임자였던 김동운 목사님, 이영수 목사님, 송은석 목사님께 감사하며 가이드로 섬겨주셨던 선교사님들의 노고에도 감사를 드린다. 하루하루 선교지의 발자취를 따라 걸어가면서 하나님의 마음과 예수님의 사랑, 믿음의 선배들의 삶을 돌아보았다. 이제 결단만 남은 목회의 여정이 될 것 같습니다. 하루도 쉬지 않고 성지에서 깨달은 생명으로 하나님의 일 하심을 이루며 나아가야겠다. 함께하신 서 시찰 목사님, 사모님 진심으로 사랑하고 축복한다.

이향우

이 글을 쓰는 이유가 있다. 그것은 예수님이 걸어가신 예루살렘 성(成)을 내가 직접 경험하고, 느끼고, 성찰함으로써 예수 그리스도의 사랑으로 표현하기 위해서이다. 그 래서 이 "십자가의 길"(Via Dolorosa)의 제목을 "모든 것을 쏟은 사랑"으로 했다. 이 길은 약 1.6km나 된다. 예수님께서는 이 길을 무거운 십자가를 홀로 지고 걸어가셨다. 1 처소인 빌라도 법정을 시작하여 마지막 십자가에 매달리시기까지의 여정이 어떠했을지 상상만 해도 눈물이 앞을 가린다. 그 여정이 얼마나 아프고 힘들었을지 도저히 상상할 수가 없다. 이 고난의 길을 나를 구원하시기 위해 걸으셨다. 우리를 구원하시기 위해 걸으셨다. 온 인류를 구원하시기 위해 걸으셨다. 하나님이 창조하신 피조물인 온 우주 만물을 구원하시기 위해 피와 땀, 그리고 사랑의 눈물을 흘리시며 걸으셨다. 그러니 어찌 우리 영혼의 깊은 곳에서 찬양이 흘러나오지 않을 수가 있겠는가? "십자가의 길"(Via Dolorosa)이 없었다면, 지금 우리는 어떤 삶을 살아가고 있겠는가? 이 글을 읽는 당신도 나와 같은 주님의 사랑과 은혜가 임하시기를 기대한다.

손미숙

시내산에서 빛나던 별들이 지금도 눈앞에 아른거린다. 30년 전에 갔었고 이번이 두 번째 순례의 길이었다. 두 번째여서 지리적 배경이나 역사적 배경 등이 훨씬 더 구체적으로 다가왔다.

특히 요르단은 처음 가봐서 더욱 설레고 은혜가 되었다. 요단 동편, 지금은 없어진 모압, 암몬, 에돔 지역을 밟아본다는 게 얼마나 흥분되고 감사한 일이었는지 모른다. 성지 곳곳에서 느끼는 하나님의 간섭하심과 사랑하심. 성경에 있는 지명들을 연결해보는 재미. 성경 속에 들어와 있는 기쁨을 느끼며 순례의 길을 걸었다. 특히 지면을 통해 함께 소감을 나누게 되어 감사하다. 좀 더 하나님과 친밀하며 나의 남은 삶이 그와 연합되어 온전한 향기로 드려지길 꿈꾸어 본다.

배정욱

꿈에 그리던 성지순례를 가게 되었다. 막상 가려니 경제적 여건이나 건강이나 교회 상황으로나 간다고 결정하기가 쉽지 않았다. 그럼에도 불구하고 다음 세 가지 목표가 너무나 분명하여, 기도하며 모든 것을 하나님께 맡기며 다녀왔다.

이집트, 이스라엘, 요르단 성지순례의 목표를 설정했다. 첫째, 성지순례를 통해 구약과 신약의 성경을 보다 입체적으로 정확하게 이해한다. 둘째, 성지순례를 통해 믿음의 사람들이 살아갔던 숨결을 느끼며 닮아간다. 셋째, 성지순례를 통해 현대 이스라엘과 이집트를 선교적 관점에서 이해하고 기도한다.

결과는 대만족이다. 성지여행을 통해 성경을 더 깊이 이해하게 되었고, 책 속에 평면적으로 있던 하나님의 말씀들이 입체적으로 살아 움직이는 것 같았다. 성지순례를 다녀와서 성경을 읽으니, 다녀왔던 곳곳들이 더 생생하고 실감이 나게 느껴졌다.

성지순례를 통해 아랍인들에 대한 편견도 많이 사라졌다. 성지순례 가려고 돈부터 모은 것이 아니라, 아랍어부터 공부했다. 성지에 살지만, 하나님을 모르는 아랍인들을 더 이해하고 싶었다. 별로 효과가 없어 아랍어는 전혀 알아들을 수 없었고, 인사말밖에 할 수 없었지만, 확실한 것은 그들을 보는 나의 눈이 달라졌다. 그들의 눈도 열려 성지에서 하나님을 만나기를 기도한다.

　성지순례를 통해 성경과 사람을 더욱 깊이 이해하게 하시고, 책을 씀으로 배우고 깨달은 것들을 정리할 기회를 주신 하나님과 서시찰 모든 목사님과 성도님들에게 감사드린다.

성지순례 왔습니다

                    이삼현 목사

오랜 세월
갈급함으로 기다리며
찾아온 성지에서
주님을 뵙고 싶습니다

어디에선가
주님이 만나 주실 것 같습니다
어디엔가에
주님이 계실 것 같습니다
어디에서나
주님이 나타나실 것 같습니다

베들레헴 마구간에서
피난 가신 애굽 나일 강가에서
요단강 세례 터에서
유다 광야 시험산에서
갈리리 나사렛 회당에서
갈리리 바다 북동편 벳세다 들녘에서
가버나움 혼인집에서
사마리아 수가성 우물가에서
헬몬산 우상의 신전 언덕 가이샤 빌립보에서

거룩한 성 예루살렘 건너편 감람산에서
기도의 동산 겟세마네에서
빌라도 법정으로 오르던 길목에서
비아 돌로로사- 그 고난과 슬픔의 현장에서
몸 찢고 피 흘려 운명하신 골고다 언덕에서

주님을 느끼며
주님으로 호흡하며
주님으로 흐느끼며
주님으로 황홀하며
주님을 보고 듣고 알며 함께했습니다

부활하신 주님
세상 끝날까지 함께 하시는 주님
다시 찾아온 갈릴리 바다
내게 다가와 물으십니다

사랑하는 아들아~
넌 날 사랑하느냐?
이 모든 것들보다 더
이 모든 사람보다 더
너는 나를 사랑하느냐?